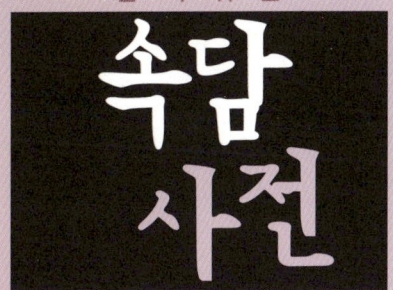

|알|기|쉬|운|

속담사전

이선종 엮음

아이템북스

책머리에
선인들의 삶이 묻어나는 인생의 지혜

　　속담은 우리 조상으로부터 물려받은 지식적 유산이며 도덕적 유산이다. 짤막한 속담 한 마디 속에 담긴 무궁무진한 철학적 진리는 수천수만 마디의 미사여구와 비할 바가 아니다.

속담은 한두 마디의 짧은 말로 깊은 뜻과 강한 느낌을 주는 것이 특징이다. 예컨대, '세 살 적 버릇이 여든까지 간다', '떡 줄 놈은 생각도 않는데 김칫국부터 마신다' 등과 같이 주로 서민 생활 속에서 만들어진 것이 많은데, 고전이나 고사에서 나와 세상에 두루 퍼진 것들도 적지 않다.

우리는 세상을 살아가면서 여러 가지 어려움을 겪게 된다. 이러한 어려움이 우리 주위에 찾아왔을 때 보석처럼 빛나는 그 한 마디의 짧은 말은 우리의 의식 속에 무게와 힘을 더해 준다. 그것들은 비록 짧지만 우리의 정신을 일깨워 주고 어려운 순간을 이길 수 있는 힘을 길러주며 판단력을 갖도록 도와준다. 진리로서의 권위를 지니고 있으므로 수천 마디의

긴 설교보다도 훨씬 효과적으로 상대방을 설복하는 무기가 되고, 가정이나 학교에서 젊은이들에게 주는 비중 있는 교훈이 되며, 항상 마음에 새겨 둘 수양과 처세의 격언이 된다. 그리하여 원만한 세계관과 인생관, 그리고 사회관을 갖도록 이끌어 준다.

우리 선조들의 입과 입을 통하여 전해 내려오는 속담은 하나같이 그 한 마디 한 마디가 삶의 진솔한 철학을 담고 있는 진리의 그릇이다.

우리의 수많은 속담 중에서도 우리의 삶에 빛과 소금 역할을 할 만한 유익한 속담들만을 선별하여, 누구나 그 뜻을 쉽게 이해할 수 있도록 뜻풀이를 곁들여 엮었다. 그런 만큼 이 책이 독자들의 삶의 현장에 많은 도움이 되리라 믿는다.

— 엮어 옮긴이

차례

	책머리에	4
ㄱ	_ 가난 구제는 나라도 어렵다	9
ㄴ	_ 나가는 년이 세간 사랴	41
ㄷ	_ 다된 농사에 낫 들고 덤빈다	60
ㅁ	_ 마른나무를 태우면 생나무도 탄다	81
ㅂ	_ 바가지 긁는다	94
ㅅ	_ 사나운 개 콧등 아물 틈 없다	108
ㅇ	_ 아끼다 똥 된다	139
ㅈ	_ 자라 보고 놀란 가슴 소댕 보고 놀란다	191
ㅊ	_ 차(車)치고 포(包)친다	211
ㅋ	_ 칼날 위에 섰다	219
ㅌ	_ 타는 닭이 꼬꼬 하고 그슬린 돝이 달음질한다	224
ㅍ	_ 파고 세운 장나무	226
ㅎ	_ 하나는 열을 꾸려도 열은 하나를 못 꾸린다	229

가난 구제는 나라도 어렵다
가난한 사람을 구하는 것은 나라의 힘으로도 어려운데, 더구나 한 개인의 힘으로 구한다는 것은 더욱 힘든 일이라는 말.

가난한 집 제사 돌아오듯
괴로운 일이 연이어 자주 닥쳐 옴을 말함. 조상의 제삿날은 잘 차려야 하는데, 어려운 살림에 무엇 하나라도 마련하여 차려 놓기가 크게 고통스러워, 일 년에 한 번밖에 없는 제사이건만 자주 돌아오는 것같이 느껴지는 데서 하는 말.

가는 말에도 채를 치랬다
빨리 달리는 말도 더욱 빨리 가게 하기 위하여 채찍질을 치라는 말이니, 무슨 일이나 잘되어 가더라도 더욱 더 열을 내고 힘쓰면 더 큰 효과를 얻을 수 있다는 뜻.

가는 토끼 잡으려다가 잡은 토끼 놓친다
너무 크게 욕심을 부려 한꺼번에 여러 가지를 하려다가는 도리어 이미 이룬 일까지도 실패로 돌아가고 하나도 성취하지 못한다는 말.

가랑잎이 솔잎더러 바스락거린다고 한다
넓적넓적한 가랑잎이 바늘 같은 솔잎보다 더 큰 소리를 내면서도 도리어 솔잎더러 바스락 소리를 낸다는 말로, 제 허물 큰 줄은 모르고 남의 작은 허물을 들추어서 나무랄 때 이르는 말.

가루는 칠수록 고와지고 말은 할수록 거칠어진다
밀가루와 같은 가루는 체에 칠수록 더 고와지지만 말이 지나치게 많으면 득보다는 오히려 해되는 일이 많으니 말을 삼가라고 경계한 말.

가문(家門) 덕에 대접 받는다
❶ 저는 변변치 못하여도 좋은 가문에서 태어난 덕에 상당한 대우를 받게 된다는 말. ❷ 제가 지니고 있는 여러 조건이 유리하면 좀 못났더라도 사람 대접을 받으며 지낼 수 있다는 말.

가을 아욱국은 계집 내쫓고 먹는다
사랑하는 아내마저 내쫓고 혼자 먹을 만큼 그렇게 가을 아욱국은 참으로 맛이 좋다는 뜻.

가을에 못 지낸 제사를 봄에는 지낼까
무엇이나 넉넉할 때에도 못한 일을 궁하고 없을 때 어떻게 할 수가 있겠느냐는 말.

가죽이 있어야 털이 나지
가죽 없이 털이 날 수 없는 것처럼 무엇이나 그 근본이 있어야만 생겨난다는 말.

간다간다 하면서 아이 셋 낳고 간다
그만둔다고 말로만 하면서 그만두지 못하고 질질 끌게 됨을 이르는 말.

갈치가 갈치 꼬리 문다
갈치가 서로 꼬리를 물고 뜯고 하며 괴롭히는 것처럼 동류(同類)끼리 서로 못 살게 해치고 돌아감을 이름.

감출 줄은 모르고 훔칠 줄만 안다
물건을 훔칠 줄 알면 감출 줄도 알아야 되겠는데 그렇지 못하다는 말은, 하나는 알고 둘은 모른다는 뜻.

갓장이 헌 갓 쓰고, 무당 남 빌어 굿하고
갓을 만드는 갓장이가 갓이 없어서 헌 갓을 쓰고 무당이 제 굿을 못한다는 말로, 무엇이나 제가 제 것을 만들어 가지지 못하고 제가 제 일을 처리하지 못하는 경우에 이르는 말.

강아지 똥은 똥이 아닌가
❶ 적고 희미하다 해서 본색을 감출 수는 없다는 말. ❷ 나쁜 일을 조금 하였다 하여 죄가 아니라고 발뺌을 할 수는 없다는 뜻.

강철이 달면 더욱 뜨겁다
더디 달아오르는 강철이 막상 달아오르면 보통 쇠보다 더 뜨겁다는 말로, 웬만해서는 사물에 대해 움직이지도 않고 화도 낼 것 같지 않은 사람이 한번 성나면 한층 무섭다는 뜻.

강한 말은 매놓은 기둥에 상한다
지나치게 힘센 말은 그를 움직이지 못하게 매어 놓은 기둥에 몸부림치다 상처를 입게 된다는 말로, 아이들을 너무 자유롭게 하면 해로울까 싶어 심하게 구속하면 도리어 좋지 못한 결과를 얻게 된다는 뜻.

갖바치 내일 모레
갖바치, 즉 가죽신을 만드는 사람이 자꾸 내일 모레 하며 약속일을 미루듯이, 약속한 날짜를 자꾸 이 핑계 저 핑계 대면서 하루하루 미룬다는 말.

같은 값이면 은가락지 낀 손에 맞으랬다
꾸지람을 듣거나 벌을 받을 경우라도 이왕이면 덕 있고 이름 있는 사람에게 당하는 것이 좋다는 뜻. = 뺨을 맞아도 은가락지 낀 손에 맞는 것이 좋다

같이 우물 파고 혼자 먹는다
노력은 여럿이서 같이 하고 거기서 나는 이득은 저 혼자 갖겠다고 한다는 뜻. 매우 욕심이 많은 사람을 두고 하는 말.

개구리도 옴쳐야 뛴다
아무리 마음이 급할지라도 무슨 일을 이루려면 마땅히 그

일을 위하여 준비하고 주선(周旋)할 시간이 있어야 한다는 뜻.

개꼬리 삼 년 두어도 황모 못 된다
개꼬리를 아무리 오래 두어도 황모가 되지 않는다는 말로, 본래부터 못되게 타고난 것은 언제까지 가도 좋게 변하지 않는다는 뜻.   * 황모(黃毛) : 족제비의 누른 털. 붓을 매는 데 쓰임.

개도 부지런해야 더운 똥을 얻어먹는다
개도 부지런해야만 자신이 좋아하는 더운 똥을 얻어먹는다는 말로, 사람 역시 잘살려면 부지런해야 한다는 뜻.

개똥밭에 굴러도 이승이 좋다
아무리 고생스럽고 천하게 살더라도 죽는 것보다는 사는 것이 더 낫다는 말.

개와 친하면 옷에 흙칠을 한다
어리석은 사람과 사귀어 친하게 다니면 이로울 것은 없고 제게 손해되는 일만 생긴다는 뜻. = 아이를 예뻐하면 옷에 똥칠을 한다. 어린애 친하면 코 묻은 밥 먹는다

개살구가 옆으로 터진다
❶ 익숙하지 못한 솜씨에다 어색한 멋을 부려서 아주 보기 흉하게 됨을 뜻함. ❷ 못난 것이 도리어 되지 못한 짓을 함을 이름.

개 잡아먹고 동네 인심 잃고, 닭 잡아먹고 이웃 인심 잃는다
색다른 음식을 하여 골고루 모두 나눠먹기가 어려움을 뜻함. 개는 큰 것이기 때문에 동네 사람들이 모두 나누어 먹다시피 하나 그 중에 어쩌다 빠지는 집이 있으면 서운해 하며, 닭을 잡아 이웃 간에 조금씩 나누어 주면 그 분량이 많다 적다, 또는 주었다 안 주었다는 등의 말이 많게 됨을 이름.

개천에 나도 제 날 탓이라
같은 개천에 태어나도 저마다 모두 다른 모습으로 태어난 다는 말로, 아무리 미천한 집안에서 태어났다 하더라도 저만 잘나면 얼마든지 훌륭하게 될 수 있다는 말.

개하고 똥 다투랴
본래 타고난 성질이 사납고 모진 사람과는 더불어 이득을 다투거나 시비를 가릴 수 없다는 뜻.

거미도 줄을 쳐야 벌레를 잡는다
무슨 일이나 준비가 있어야 그 결실을 얻을 수 있다는 말.

거지가 논두렁 밑에 있어도 웃음이 있다
물질적으로는 가난하더라도 마음의 화평은 얼마든지 있을 수 있다는 말.

거지가 도승지를 불쌍타 한다
도승지는 아무리 추운 때라도 새벽 일찍 입궐해야 하므로 거지가 그것을 불쌍하게 여긴다는 말로, 자기가 불쌍한 처지에 있음에도 불구하고 도리어 그렇지 않은 사람을 동정한다는 뜻.

거지가 밥술이나 먹게 되면 거지 밥 한 술 안 준다
가난하게 살던 자가 좀 낫게 지내게 되면 도무지 어려운 사람 생각할 줄을 모른다는 말.

거지 자루 크면 자루대로 다 줄까
그릇이 크니 많이 달라고 할 때 그렇게 못 준다는 뜻으로 하는 말. 또는 지나치게 큰 그릇을 가지고 옴을 비웃는 말.

거짓말하고 뺨 맞는 것보다 낫다
언제나 사람은 좀 무안하더라도 사실을 사실대로 말해야지

거짓말을 하면 안 된다는 말.

검은 머리 가진 짐승은 구제(救濟) 말란다
검은 머리 가진 짐승, 곧 사람을 도와주지 말라 함이니, 사람이 제가 지은 은혜를 갚지 않는다고 핀잔하는 말.

게으른 여편네 아이 핑계하듯
일하기 싫으니까 아이 핑계만 대며 일하지 않는다는 말로, 이런 저런 핑계만 대고 꾀부리며 일을 하지 않는다는 말.

겨울바람이 봄바람보고 춥다 한다
못된 자가 저보다 나은 사람을 도리어 트집 잡고 나무란다는 뜻.

겨울이 다 되어야 솔이 푸른 줄 안다
푸른 것이 다 없어진 한겨울이 되어야만 그 솔이 얼마나 푸른 줄을 안다는 말로, 난세(亂世)가 되어야만 훌륭한 사람

이 뚜렷이 나타나 보인다는 뜻.

경주 돌이면 다 옥석인가
❶ 경주에서는 옥석이 나오지만, 그렇다고 해서 경주 돌이 다 옥석이 아니라는 말로, 좋은 일 가운데도 궂은 것이 섞여 있다는 뜻. ❷ 무엇이나 그 이름에만 따를 것이 아니라는 말.

계집 때린 날 장모 온다
하필 자기 아내를 때린 날에 장모가 온다는 말은, 일이 공교롭게도 꼬여서 낭패를 본다는 말.

고기 만진 손, 국솥에 씻으랴
지나치게 인색한 사람에 대해 하는 말로, 아무리 인색한들 그렇게까지 인색하기야 하겠느냐는 말.

고기 새끼 하나 보고 가마솥 부신다
성미가 매우 급하여 조그마한 것을 보고도 지레 짐작으로 서둘러댄다는 뜻.

고래 그물에 새우가 걸린다
정작 잡으려던 고래는 안 잡히고 애매한 새우만 잡힌다는 말로, 목적하던 큰 것은 놓치고 쓸데없는 것만 잡았다는 말.

고양이에게 고기반찬 달란다
고기반찬을 즐기는 고양이에게 도리어 그것을 달라고 한다 하여도 줄 리가 없으니, 전혀 경우에 어긋나는 행동을 한다는 뜻.

고양이 죽은 데 쥐 눈물만큼
고양이가 죽었다고 해서 쥐가 눈물을 흘릴 리 없으니, 무엇이 아주 없거나 있어도 매우 적을 때 이르는 말.

고양이 쥐 생각
쥐를 보기만 하면 잡아먹는 고양이가 쥐의 입장을 생각해 줄 리 없다는 말로, 당치 않게 누구를 위해서 생각해 주는 척함을 비유한 말.

고운 일 하면 고운 밥 먹는다
무슨 일에나 인과의 법칙에 의해, 어진 일을 하면 좋은 댓가를, 모진 일을 하면 나쁜 댓가를 받게 된다는 뜻.

고쟁이를 열두 벌 입어도 보일 것은 다 보인다
❶ 아무리 여러 번 감싸도 정작 가릴 것은 못 가렸다는 말.
❷ 일을 서투르게 하면 하지 않는 것만 못하다는 뜻.

곤달걀 꼬끼오 울거든
다 썩어서 곯은 달걀이 병아리로 부화되어 자라나서 꼬끼오 하고 울며 홰를 친다는 말로, 도저히 이룰 가망이 없는

일에 비유하는 말.

곧은 나무 쉬 꺾인다
쓰기에 알맞은 곧은 나무가 쓸데없는 휘어진 나무보다 쉬 꺾이게 된다는 말로, 사람도 쓸 만하고 잘난 사람이 일찍 죽게 되거나 사회에서 매장되거나 한다는 뜻.

골나면 보리방아 더 잘 찧는다
사람이 골이 나면 기운풀이를 하게 되고 더 기가 올라 힘이 세어진다는 뜻.

* 골나다 : 노여움이 생기다. 성나다.

곯아도 젓국이 좋고, 늙어도 영감이 좋다
싱싱하지 못하고 다 삭은 젓국이 맛있는 것과 같이 사람은 아무리 늙어도 자기 배우자가 가장 좋다는 뜻.

공것은 써도 달다
공것이라면 아무리 맛이 쓴 것이라도 달게 느껴진다는 말로, 역시 공것은 좋다는 뜻.

공술에 술 배운다
술이라는 것은 처음에는 반드시 남의 권(勸)에 못 이겨 공짜로 마시다가 배우게 된다는 말.

공연한 제사 지내고 어물 값에 졸린다
지내지 않아도 될 제사를 지내고 나서 그 제사에 썼던 생선 값을 갚으라고 졸린다는 말로, 하지 않아도 좋을 일을 하고서 쓸데없이 그 후환을 입게 될 때 쓰는 말.

과거를 아니 볼 바에야 시관이 개떡 같다
자기와 아무 관계없는 일이라면 조금도 두려워할 것이 없다는 말. * 시관(試官) : 조선 때, 과거 시험에 관계되는 모든 관원의 총칭.

과붓집에 가서 바깥양반 찾기
과붓집에 남편이 있을 리 없건만 그곳에 가서 바깥양반을 찾는다는 것은, 당치도 않은 데 가서 그곳에 없는 것을 찾는다는 뜻.

관(棺) 옆에서 싸움질한다
예의를 지켜야 할 곳에서 예의도 모르고 함부로 무엄한 짓을 한다는 뜻.

광에서 인심 난다
❶ 곳간에 쌓인 것이 많고 쌀독에 쌀이 많아야 남도 주게 된다는 말. ❷ 여유가 있어야 비로소 남을 돕고 생각할 수 있게 된다는 말. = 쌀광에서 인심난다. 쌀독에서 인심 난다

구년지수(九年之水) 해 돋는다
'구 년 동안 홍수가 지다가 해가 돋는다'는 말로, 오랜 세월을 두고 간절히 바라던 일이 이루어진다는 뜻.

구멍 보아 가며 쐐기 깎는다
박을 구멍을 보아 가면서 그에 맞추어 쐐기를 깎는다 함은, 무슨 일에나 세심한 주의와 계획을 가지고 행해야만 실패하지 않는다는 뜻. = 구멍을 보아 말뚝 깎는다

구멍을 파는 데는 칼이 끌만 못하고, 쥐 잡는 데는 천리마가 고양이만 못하다
❶ 무엇이나 제가 맡은 바 구실이 따로 있고, 쓰이는 데가 각각 다른 것이라 하는 말. ❷ 크고 값진 것만이 언제나 좋은 것은 아니라는 말.

구운 게도 다리를 떼고 먹는다
구워서 물릴 염려는 없지만 그래도 안전하게 다리를 떼고 먹는다 함은, 무슨 일이나 틀림없을 듯하더라도 잘 알아보고 조심해야 한다는 말. = 구운 게 발도 떼어야 먹는다. 구운 게도 매어 먹어라.

국에 덴 사람은 냉수도 불고 먹는다
한번 국에 덴 경험이 있는 사람은 찬물을 마실 때도 식히느라고 불어 마신다는 말로, 어떤 일에 한번 놀라서 겁을 먹게 되면 그와 비슷한 것만 보아도 조심한다는 말. = 국에 덴 놈 찬물 보고도 분다.

군밤에서 싹 나거든
아무리 오랜 세월이 지나도 군밤에서 싹이 날 리 만무하듯이, 무슨 일이 이뤄지기를 아무리 바라도 소용없는 일이라는 뜻.

굵은 베가 옷 없는 것보다 낫다
❶ 가난하여 입을 것이 없을 때는 좋고 나쁘고 맞고 맞지 않음을 가리지 아니한다는 말. ❷ 아무리 하찮은 물건이라 할지라도 없는 것보다는 낫다는 말.

굶어 보아야 세상을 안다
정말 먹을 것이 없어 굶주려 보지 못한 사람은 세상을 참으로 알았다고 할 수가 없다는 말.

굼벵이 천장하듯
굼뜬 자가 우물쭈물 날만 보내고 좀처럼 일을 이루지 못함을 비유하여 이르는 말.

* 천장(遷葬) : 이장. 무덤을 옮김.

굽은 나무가 선산(先山)을 지킨다
곧은 나무는 사람이 쓰려고 쳐 가기도 하고, 자손이 가난해지면 산소의 나무를 팔기도 하지만, 굽어서 쓸데없는 나무

는 오래도록 그곳에 남아 있게 된다는 말로, 못난 듯이 보이는 것이 도리어 나중까지 제구실을 함을 이른 말.

굿 뒤에 날장구 친다
굿이 끝난 다음에 장구를 침은 소용없는 것이므로, 일이 다 지나간 다음에 쓸데없는 것을 가지고 떠들고 나섬을 비유한 말. = 굿 뒤에 쌍장구 친다. 굿 마친 뒷장구.

굿에 간 어미 기다리듯 한다
굿에 간 어미는 돌아올 때 떡을 가지고 올 것이므로, 이것을 기다리는 아이의 모양 같다 함은 몹시 초조하게 기다린다는 뜻.

굿 하고 싶어도 맏며느리 춤추는 꼴 보기 싫다
막상 무슨 일을 하려고 해도 자기 마음에 들지 않는 미운

사람이 기뻐하는 게 꼴 보기 싫어 꺼려진다는 말.

권에 못 이겨 방립(方笠) 쓴다
자신은 싫으면서도 남의 권에 못 이겨 어쩔 수 없이 따라 하게 되었을 때 쓰는 말.

* 방립(方笠) : 예전에, 상제(喪制)가 밖에 나갈 때 쓰던 갓. 방갓.

귀 막고 방울 도둑질한다
방울을 훔치는데 방울 소리가 들리지 않게 하려고 제 귀만을 막고 한다는 말로, 얕은 수를 써서 남을 속이려 하나 거기에 속아 넘어가는 사람은 없다는 뜻.

귀신도 빌면 듣는다
귀신도 빌면 듣는데, 하물며 사람으로서 자기에게 비는 자를 용서 못 하겠느냐는 말. 관용을 가지라는 뜻.

귀신 듣는 데서 떡 소리 한다
떡을 매우 좋아하는 귀신 앞에서 떡 소리를 하면 아주 기뻐하며 어떻게 해서든지 꼭 먹고야 만다는 말로, 사람 앞에서 그가 평상시에 좋아하는 것을 이야기하면 그는 그것을 꼭 손에 가지고 싶어한다는 말.

귀한 그릇 쉬 깨진다
① 흔히 물건이 좋고 값진 것일수록 쉬 부서진다는 뜻.
② 귀하게 태어난 사람이나 재주가 비상한 사람이 일찍 죽게 됨을 이르는 말.

그물코가 삼천이면 걸릴 날이 있다
삼천 코나 되는 그물을 물속에 던져 놓으면 언젠가는 물고기가 걸리게 되어 있다는 말로, 무슨 일이나 준비를 든든히 하며 할일을 다해 놓고 기다리면 반드시 이루어질 날이 있다는 말.

그슬린 돼지가 달아맨 돼지 타령한다
이미 불속에 들어 검게 되어 버린 돼지가 아직 그 지경이 안 된 달아맨 돼지를 비웃는다는 말로, 제 흉은 모르고 남의 흉만 탈잡고 나무란다는 뜻.

글 못 한 놈 붓 고른다
자기의 기술이나 학식이 부족한 사람일수록 공연히 딴 것을 탓한다는 말.

글 속에 글 있고, 말 속에 말 있다
❶ 말과 글이 가지고 있는 뜻은 무궁무진하다는 뜻. ❷ 글이 많으나 그 중에는 못쓸 것도 있고 좋은 글도 있으며, 말 수는 많으나 그 중에도 쓸 것 못쓸 것이 따로 있다는 말.

금강산 그늘이 관동 팔십 리(關東八十里)
금강산의 아름다운 그늘이 관동 지방 일대까지 드리워 아

름다운 풍경을 이룬다는 말로, 덕망 있고 훌륭한 사람 밑에서 지내면 그의 덕이 미치고 도움을 받게 된다는 뜻. = 수양산 그늘이 강동(江東) 팔십 리를 간다. 인왕산 그늘이 강동 팔십 리 간다.

금년 새 다리가 명년 쇠다리보다 낫다
어떻게 될지 모르는 장래의 큰일을 기대하느니보다 비록 그만은 못하더라도 당장 눈앞에서 얻을 수 있는 작은 것이 더 이롭다는 말.

금방 먹을 떡에도 소를 박는다
① 아무리 급하더라도 순서는 다 밟아야 한다는 말.
② 잠시 후면 쓸데없게 되더라도 일을 하는 당장에는 정성껏 한다는 뜻.

급하다고 갓 쓰고 똥 싸랴
① 아무리 급하더라도 일의 순서를 따라 해야 한다는 뜻.

❷ 아무리 급한 경우에라도 무례한 짓은 못 한다는 말.

급하면 밑 씻고 똥 눈다
아무리 급하더라도 사리에 따라서 일을 순서대로 처리하지 않으면 낭패를 본다는 뜻.

기둥보다 서까래가 더 굵다
집을 받치고 있는 가장 중요한 기둥보다 서까래가 더 굵다 함은, 주(主)되는 것과 그에 따른 것이 뒤바뀌어 사리에 어긋난다는 말.

기둥을 치면 대들보가 울린다
가에 있는 기둥을 치면 대들보가 울린다 함이니, 직접 탓하지 않고 간접적으로 말해도 능히 영향을 미칠 수 있다는 뜻. = 기둥을 치면 봇장이 울린다

기름 버리고 깨를 줍는다
많은 원료와 비용, 그리고 수많은 인력을 들여서 얻은 것을 허비해 버리고 다시 원료를 모은다는 말로, 큰 이익은 버리고 보잘것없는 적은 이득을 구한다는 뜻. = 기름 엎지르고 깨를 줍는다

기와집에 옻칠하고 사나
기와집에다 옻칠까지 하고 살 셈으로 그렇게까지 하느냐는 뜻으로, 매우 인색하게 살면서 재산을 모으는 사람을 두고 하는 말.

기와 한 장 아끼다가 대들보 썩힌다
장차 크게 손해 볼 것은 모르고, 당장 돈이 좀 든다고 사소한 것을 아끼는 어리석은 행동을 이름. = 대들보 썩는 줄 모르고 기왓장 아끼는 격

기운이 세다고 소가 왕 노릇 할까
소가 아무리 크고 힘이 세다 할지라도 왕 노릇은 못한다는 말로, 지략이 없는 완력만으로는 지도적 위치에 설 수 없다는 뜻. = 기운이 세면 장수 노릇 하나. 소가 크면 왕 노릇 하나

길을 두고 메로 갈까
편한 길을 두고 고생스럽게 메(산)로 갈까 함은, ❶ 쉽게 할 수 있는 것을 구태여 어렵게 할 리 없다는 말. ❷ 집을 떠나 딴 고장에 가서 친척과 지기(知己)의 집이 있음에도 불구하고 남의 집에서 묵으려 할 때 씀.

김 안 나는 숭늉이 더 뜨겁다
물이 한참 끓고 있을 때면 김은 나지 않지만 가장 뜨거운 것과 마찬가지로, 사람도 가만히 있는 사람이 더 무섭지, 늘 떠벌려 대는 사람은 두려워할 상대가 못된다는 말.

까기 전에 병아리 세지 마라
세상일이란 어떻게 되어 갈지 모르는 일이므로, 무슨 일이든지 이루어지기도 전에 그 이득을 셈한다든가, 그것으로 다른 일의 예산을 세우거나 하지 말라는 뜻.

까마귀가 검기로 마음도 검겠나
❶ 겉모양이 허술하고 누추하여도 마음까지 더럽고 악할 리는 없다는 말. ❷ 사람을 평할 때 겉모양만 보고 판단할 것이 아니라는 말. = 까마귀가 검어도 살은 아니 검다

까마귀 대가리 희거든
도무지 될 가망이 없음을 이름. = 병풍에 그린 닭이 홰를 치거든. 곤 달걀 꼬끼오 울거든. 군밤에 싹 나거든. 배꼽에 노송나무 나거든. 충암상에 묵은 팥 심어 싹 나거든. 용마 갈기 사이에 뿔이 나거든.

까마귀 똥도 약이라니까 물에 깔긴다
흔하여 대단치 않던 것도 막상 요긴하게 쓰려고 보면 쉽게 얻어지지 않는다는 뜻.

까마귀 짖어 범 죽으랴
까마귀가 울면 사람이 죽는다는 말이 있지만, 설마 그까짓 일로 동물의 왕인 범까지 죽기야 하겠느냐는 말로, 사소한 일로 인해 큰일에는 아무런 영향이 없다는 말.

껍질 상치 않게 호랑이를 잡을까
호랑이 가죽을 상하게 하지 않고서는 호랑이를 잡을 수 없다는 말로, 힘들여 애쓴 다음에야 그 일을 이룰 수가 있다는 뜻.

꼬챙이는 타고 고기는 설었다
고기를 꼬챙이에 꿰어 굽는데 구워져야 할 고기는 설고 익

을 필요가 없는 꼬챙이만 탔다 함이니, 꼭 되어야 할 것은 안 되고, 반대로 그렇게 되면 안 될 것만 되었을 때 쓰는 말.

꼴 같지 않은 말[馬]은 이도 들쳐 보지 않는다
겉모습이 못나 보이는 말[馬]은 아예 사고 싶은 생각이 없으니 나이를 세려고 이를 들쳐 보지도 않는다는 말로, 그 행동이 못되고 생긴 모양도 변변치 못한 자는 더 자세히 알아볼 필요도 없다는 뜻.

꼿꼿하기는 개구리 삼킨 뱀
마치 뱀이 개구리를 삼킬 때 목을 꼿꼿이 쳐들고 삼키듯이, 고개에 힘을 잔뜩 주고 젠체하며 거드름을 피우거나 고집이 센 사람을 이르는 말.

꽃 본 나비 불을 헤아리랴
꽃 본 나비가 불에 타 죽을지언정 꽃에 날아들어 노닐지 않

을 수 없다는 말로, 남녀 간의 정이 깊어 비록 죽을지도 모를 위험이 따른다 하더라도 같이 즐김을 이르는 말.

꿀보다 약과가 달다
약과는 여러 가지 재료들과 꿀을 섞어 넣고 반죽하여 만드는 것, 따라서 약과가 꿀보다 더 달 리 없으므로, 주객이 전도되어 사리에 어긋남을 이르는 말.

꿈에 서방 맞은 격
❶ 무엇이 다 제 욕심에 차지 아니함을 이름.
❷ 분명하지 못한 존재를 뜻함.

꿈에 현몽(現夢)한 돈도 찾아 먹는다
매우 깐깐하고 경제관념이 강하여 제가 얻을 수 있는 돈은 어떻게 해서든지 찾아 가고야 마는 사람을 두고 이르는 말.

나가는 년이 세간 사랴
이미 일이 다 틀어져서 나가는 판에 뒷일을 생각하고 다시 돌아다 볼 리 만무하다는 뜻.

나간 놈의 몫은 있어도 자는 놈의 몫은 없다
나간 사람은 일하러 나갔으니 남겨 주어도, 자고 있는 사람은 일을 하지 않으므로 남겨 주지 않는다는 말로, 게으른 사람에게는 혜택이 돌아가지 않는다는 뜻.

나귀를 구하매 샌님이 없고, 샌님을 구하매 나귀가 없다
❶ 무엇이나 완전히 구비하기는 힘들다는 말.
❷ 무슨 일의 준비가 뜻대로 되지 않고 빗나가기만 할 때 쓰는 말.

나귀에 짐을 지고 타나 싣고 타나 매한가지
나귀를 타면서 제가 직접 짐을 지고 타나 나귀 등에 직접

짐을 올려놓고 타나 나귀의 입장에서 볼 땐 매한가지라는 말로, 이러나저러나 결과에 있어서는 똑같다는 뜻.

나는 새도 깃을 쳐야 날아간다
새도 날갯짓을 해야만 날 수 있듯이, 아무리 급한 일이라도 얼마간의 준비가 없이는 안 된다는 뜻.

나라님이 약 없어 죽나
❶ 제아무리 좋은 약을 쓰고 극진한 간호를 하여도 죽을 사람은 죽고, 약도 안 쓰고 내버려두어도 살 사람은 나아서 일어난다는 말. ❷ 죽은 사람에 대하여 약도 변변히 못 썼다고 서러워할 때 위로하는 말.

나 먹자니 싫고 개 주자니 아깝다.
❶ 자기는 싫지만 남 주기도 아까우니 난처하다는 말.

❷ 저 싫다고 남도 안 주는 비뚤어진 마음씨를 이름.
= 저 먹자니 싫고 남 주자니 아깝다. 쉰밥 고양이 주기 아깝다

나중에 꿀 한 식기 먹으려고 당장에 엿 한 가락 안 먹을까
훗날에 있을 일만 믿고 지금 당장의 일은 무시하겠느냐고 반문하는 말로, 확실하지도 않은 앞일을 기대하며 믿는 것보다 비록 적기는 하지만 당장 눈앞에 보이는 것이 우선이라는 뜻.

난쟁이 허리춤 추키듯
키 작은 난쟁이가 흔히 옷을 크게 입는다는 데서 나온 말로, 난쟁이가 늘 바지 허리춤을 추켜올려 입듯 매사에 남을 자꾸 추어올려 줌을 뜻함.

날고기 보고 침 안 뱉는 이 없고, 익은 고기 보고 침 안 삼키는 이 없다
날고기는 무엇이나 보기에 비위가 거슬리고, 고기란 익혀서 먹어야만 제맛이라는 말.

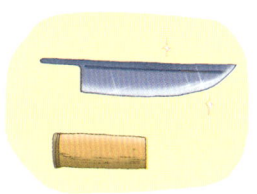

날면 기는 것이 능치 못하다
사람이 한 가지 재주가 신통하면 다른 것은 잘하지 못한다는 말. 즉 모든 일에 능하기는 어렵다는 뜻.

날 샌 은혜 없다
남에게 신세를 지거나 은혜를 입고서도 시일이 지나게 되면 차츰 잊혀 가고, 그러다가 결국엔 그런 일이 아예 없었던 것같이 생각된다는 뜻.

날 잡은 놈이 자루 잡은 놈을 당하랴
칼날을 잡고 있는 사람과 칼자루를 잡고 있는 사람이 서로 칼을 뺏으려고 다툰다면 칼자루 잡은 사람이 유리한 것은 당연지사, 따라서 월등하게 유리한 조건에 있는 자를 이겨내기는 어렵다는 말.

남생이 등에 풀쐐기 쐼 같다
남생이 등은 단단하여 풀쐐기가 쏘아도 아무렇지 않다는

말로, 작은 것이 큰 것을 건드리나 아무런 해도 끼치지 못함을 이름.

남의 다리에 행전 친다
제 일을 한다고 한 일이 남의 이익을 위하는 결과가 되었을 때 이르는 말.

남의 말 다 들으면 목에 칼 벗을 날 없다
남의 말을 너무 잘 곧이듣고, 또 남의 말에 순종만 하면 낭패 보는 일이 많다는 말로, 말은 꼭 자기가 들어야 할 것만 들으라는 말.

남의 밥 보고 시래깃국 끓인다
❶ 제게는 아무 상관도 없는 남의 일을 가지고 공연히 미리부터 서둘고 좋아한다는 뜻. ❷ 남의 것을 턱없이 바란다는 뜻. = 남의 밥 보고 장 떠먹는다

남의 불에 게 잡는다
남이 게를 잡기 위하여 밤에 막을 치고 불을 켜 놓으면 자기는 불을 켜지 않고 게만 잡아서 가진다는 말로, 제 일을 하는데 남의 물건만 소비하고 이익은 제가 갖는다는 말.

남의 싸움에 칼 빼기
자기와는 아무런 관계가 없는 일에 공연히 뛰어들어 참여한다는 뜻.

남의 염병이 내 고뿔만 못하다
❶ 남의 큰 병이 내 작은 감기몸살만 못하다 함은, 남의 큰 걱정이나 위험보다 제 작은 근심거리가 더 절박하게 느껴진다는 말. ❷ 남의 처지를 이해하지 못하고 자기 본위로만 행동할 때 이르는 말.

남의 집 불구경 않는 군자(君子) 없다
아무리 착하고 어진 사람도 남의 불행을 도리어 즐긴다는

말로, 인간의 행동이란 도덕적인 관점보다도 흥미적인 관점에 더 많이 지배당하는 것이라는 말.

남이 놓은 것은 소도 못 찾는다
다른 사람이 어떤 장소에 놓아 둔 물건은 소처럼 큰 물건일지라도 찾기가 힘들다는 말.

남이야 내 상전을 두려워할까
내가 두려워한다고 해서 남도 내가 모시고 있는 윗사람을 두려워할 까닭이 없다는 말.

남이 은장도를 차니 나는 식칼을 낀다
남이 노리개로 잘 꾸민 은장도 차는 것을 보고 자기도 식칼을 끼고 나선다 함은, 일의 경위와 시비곡절도 모르고 남이 하는 대로 그저 따라만 한다는 뜻. = 남이 장 간다고 하니 거름 지고 나선다. 남이 장에 간다 하니 무릎에 망건 쓴다

나무도 고목되면 오던 새도 아니 온다
❶ 사람이 늙어지면 예전에 따라다니던 이도 찾아오지 않는다는 말. ❷ 권세가 좋을 때는 늘 찾아오던 이도 이편의 처지가 보잘것없게 되면 한 번 들여다보지도 않는다는 뜻.

내가 중이 되니 고기가 천하다
중이 되어서 고기를 먹지 않게 되니 이젠 고기가 필요없게 되었다는 뜻으로, 무엇이든 자기가 필요해서 구할 때는 귀하게 여겨지지만, 제게 필요하지 않으면 흔하고 천하게 여겨진다는 말.

내 것 잃고 죄 짓는다
제 물건을 잃어버리면 으레 애매한 사람까지 의심하게 된다는 뜻.

내닫기는 주막집 강아지라
사람이 찾아오거나 무슨 일이 생기면 곧바로 뛰어나와 참견하는 사람을 두고 하는 말.

내 말은 남이 하고 남 말은 내가 한다
❶ 누구나 사람은 제 일을 제쳐놓고 남의 말 하기를 좋아한다는 뜻. ❷ 남이 네 허물을 들어 이야기할 것이니 너 또한 남의 허물을 탓잡아 말하지 말라는 뜻.

내 몸이 중이면 중의 행세를 하라고
사람은 누구나 자신의 신분에 어울리는 행동을 해야 하며, 분에 어긋나는 짓을 해서는 안 된다는 뜻.

내 밑 들어 남 보이기
자기 스스로 자신의 부주의한 말이나 행동을 남에게 보임으로써 자기의 부족함을 드러낸다는 말.

내 발등의 불을 꺼야 아들 발등의 불을 끈다
사람이 급한 경우를 당하게 되면 아무리 자식이 귀하나 제일부터 먼저 처리하게 되어 있다는 말. = 내 발등의 불을 꺼야 아비 발등의 불을 끈다

내 배 부르니 평안감사가 조카 같다
배불러 먹기만 하면 아무리 좋은 벼슬자리도 부럽지 않다는 말로, 먹는 것이 걱정 없으면 세상에 부러울 것이 없다는 말. = 제 배가 부르니 평양감사가 조카같이 보인다.

내 배 부르면 종의 밥 짓지 말라 한다
제가 배부르게 먹었다고 해서 아직 먹지 못하고 있는 종의 밥까지도 못 짓게 한다 함은, ❶ 모든 일이 자기 본위여서 조금도 남을 동정할 줄 모르는 사람을 두고 이름. ❷ 복락을 누리는 사람은 남의 불행과 근심 등은 알지 못한다는 뜻. = 제 배가 부르면 종의 밥 짓지 말란다.

내 속 짚어 남의 말 한다
제가 그러니 남도 그러려니 여기고 남의 말을 한다는 뜻.

내일의 천자(天子)보다 오늘의 재상(宰相)
어떻게 될지 모르는 장래의 막연한 일보다 당장 실제로 가질 수 있는 자리가 비록 변변치 않더라도 더 낫다는 말.

내 절 부처는 내가 위하여야 한다
❶ 자기 것은 자기가 소중히 할 것이지 남에게 맡길 것은 아니라는 뜻. ❷ 내 절의 부처를 내가 먼저 위해야만 다른 사람들도 그 부처를 위해 주듯이, 자기가 모시는 주인은 자기가 잘 섬겨야 남도 그를 알아보고 존경한다는 뜻. = 제 절 부처는 제가 위하랬다고.

너무 고르다가 눈 먼 사위 얻는다
무엇을 이것저것 너무 고르다 보면 눈이 혼란스러워져서 오히려 나쁜 것을 가지게 된다는 뜻.

넉 달 가뭄에도 하루만 더 개었으면 한다
❶ 오래 가물어서 아무리 기다리던 비일지라도 무슨 일을 치르려고 할 때는 비 오는 것을 싫어한다는 말. ❷ 사람은 일기(日氣)에 대하여 어느 때나 자기 본위라는 뜻.

네 병이야 낫든 안 낫든 내 약 값이나 내라
남을 위해 한 일이 잘되었는지 안 되었는지는 생각하지 않고 무조건 그 일에 대한 보수만을 요구할 때 쓰는 말.

네 콩이 크니 내 콩이 크니 한다
❶ 얼른 보아 똑같아 보이는 것을 가지고 이러니저러니 여러 말을 하며 서로 우긴다는 뜻. ❷ 별로 구별할 수도 없을 만큼 비슷한 것을 가지고도 남의 것이 자기 것보다 큼을 시기하여 제 것이 크다고 우긴다는 말.

노루꼬리가 길면 얼마나 길까
보잘것없는 재주를 자랑하거나 너무 믿는 사람을 핀잔하는 말.

노루 때리던 막대로 세 번이나 국 끓여 먹는다
노루를 때려잡은 막대에 노루고기 맛이 배어 있으리라 생각하고 그것을 세 번씩이나 끓여 먹는다 함은,
❶ 이미 시효가 끝났음에도 불구하고 다시 이용하려 할 때 쓰는 말. ❷ 무엇을 두고두고 우려 쓴다는 뜻. = 노루 친 몽둥이 삼 년 우린다.

노루 본 놈이 그물 짊어진다
노루를 본 사람이라야 그것을 잡으려고 그물을 짊어진다는 말로, 무슨 일이나 직접 당한 사람이 맡아 한다는 뜻.

노적가리에 불지르고 싸라기 주워 먹는다
큰 것을 잃어버리고 작은 것을 아낄 때 쓰는 말. = 집 태우고 바늘 줍는다. 기름 쏟고 깨 줍는다. 집 태우고 못 줍기. 노적가리에 불붙이고 튀각 주워 먹는다.

노처녀가 시집을 가려니 등창이 난다
오랫동안 벼르고 벼르던 일을 하려 할 때 공교롭게도 마가 끼어 일을 망쳐 놓는다는 말. = 시집 갈 때 등창이 난다. 여든 살 난 큰아기가 시집 갈랬더니 차일(遮日)이 없다 한다.

녹피(鹿皮)에 갈 왈(曰) 자라
사슴 가죽에 쓴 갈 왈(曰) 자는 당기는 대로 날 일(日) 자도 되고 갈 왈 자(曰)도 된다는 말로, 일정한 주견 없이 이랬다저랬다 할 때 쓰는 말.

논을 사려면 두렁을 보라
논을 사려면 그 논과 다른 논과의 사이에 있는 논두렁을 보

고, 그것이 뚜렷한지 어떤지, 그리고 물길은 어떤지 등을 알아보고 사라는 말.

논 팔아 굿하니 맏며느리 춤추더라
당면하고 있는 딱하고 답답한 사정을 누구보다도 가장 뼈 아프게 알아야 할 사람이 도리어 반대 방향으로 나감을 미워하여 이르는 말. = 빚 얻어 굿하니 맏며느리 춤춘다.

놀던 계집이 결단이 나도 엉덩이짓은 남는다
❶ 무엇이나 오랜 습관이 된 것은 좀처럼 떨쳐 버릴 수 없다는 뜻. ❷ 어떤 것이 망해 버리더라도 깡그리 죄다 없어지는 법은 없고 무언가 남는 것이 있다는 말.

뇌성벽력은 귀머거리라도 듣는다
우레 소리와 벼락치는 소리는 귀머거리라도 들을 수 있다

는 말로, 명백한 사실은 누구나 다 알 수 있다는 말.

누워서 떡을 먹으면 팥고물이 눈에 들어간다
제 몸 편할 도리만 차려서 일을 하면 도리어 제게 해로움이 생긴다는 말.

눈 먼 말 워낭 소리 따라간다
앞 못 보는 말이 앞에 가는 말의 워낭 소리를 듣고 따라간다는 말은, 무식한 사람이 남이 일러 준 대로 무비판적으로 따라 한다는 뜻.
* 워낭 : 말이나 소의 귀 밑에서 턱 밑으로 늘어뜨린 방울.

눈먼 소경더러 눈멀었다 하면 성낸다
누구나 자기의 단점을 남이 말하면 싫어한다는 뜻. = 소경보고 눈멀었다 하면 노여워한다

눈먼 자식이 효자 노릇 한다
눈이 멀었으니 무슨 효도를 할까보냐며 기대도 하지 않았던 자식이 오히려 효자 노릇을 한다는 말로, 도외시하고 바라지도 않던 사람으로부터 도움을 받게 되는 수가 많다는 뜻.

눈 어둡다 하더니 다홍 고추만 잘 딴다
눈이 어둡다는 핑계로 남의 일을 도우려고도 안 하더니 고추를 따면서는 붉은 것만 잘도 골라 딴다 함이니, ❶ 속마음이 음흉한 사람을 두고 하는 말. ❷ 제 일만 알고 남의 일은 핑계만 대며 조금도 도와주지 않으려는 사람을 두고 하는 말.

눈 온 뒷날은 거지가 빨래를 한다
눈 온 뒷날은 거지가 입고 있던 옷을 벗어 빨아 입을 만큼

따스하다는 말로, 눈이 개인 날에는 일기가 따뜻하다는 말.

눈은 있어도 망울이 없다
① 있기는 있어도 가장 중요한 것이 없기 때문에 있어도 없으나 마찬가지라는 뜻. ② 사물을 정확하게 분별하는 안목과 식견이 없음을 이름.

눈을 떠야 별을 보지
어떤 결과를 얻으려면 실제로 그에 상당한 일을 순서대로 해야 된다는 말.

눈이 아무리 밝아도 제 코는 안 보인다
사람은 제아무리 똑똑하더라도 저 자신을 잘 모른다는 뜻.

늙은 소 콩밭으로 간다
소가 늙으면 집에서 주는 콩만으로는 부족하여 실컷 먹기 위해 아예 콩밭으로 간다는 말로, 사람도 늙으면 더 먹고 싶고 욕심이 는다는 말.

늙은 것 우세하며 사람 치고, 병(病) 우세하며 개 잡아먹는다
늙은 것을 빙자하여 사람을 함부로 치며 병든 것을 빙자하여 개 잡아 먹는다는 말로, ❶ 무슨 작은 것이라도 제게 유리한 핑계로 삼는다는 뜻. ❷ 늙은이나 병든 사람은 흔히 잘못하여도 용서를 받는 경우가 많다는 뜻.

늙은이 잘못하면 노망으로 치고, 젊은이 잘못하면 철없다 한다
잘못의 원인을 개별적으로 구명(究明)하지 않고 일반화함을 이름.

* 구명(究明) : 깊이 연구하여 밝힘.

다된 농사에 낫 들고 덤빈다
일이 다 끝난 뒤에 쓸데없이 나타나서 그 일에 참견하여 시비를 걸고 떠든다는 뜻.

다리 부러진 장수, 성(城) 안에서 호령한다
못난 사람이 집안에서만 큰소리 치고 호령하나 밖에 나가면 꼼짝도 못한다는 뜻.

다리뼈가 맏아들이라
다리로 걸어 다니면서 맛있는 것도 먹고 좋은 구경도 할 수 있으니, 걸어 다닐 수 있는 그 다리가 맏아들만큼이나 소중하고 믿음직스럽다는 말.

달걀도 굴러가다 서는 모가 있다
❶ 언제 끝날지 모르게 질질 끌던 일도 언젠가는 끝장을 보게 되어 있다는 뜻. ❷ 누구에게나 항상 좋게만 대하던 사람도 때로는 성날 때가 있다는 말.

달기는 엿집 할미 손가락이다
엿 맛이 아무리 달다고 해서 달리 없는 엿집 할머니의 손가락까지도 단 것으로 안다 함은, ❶ 무슨 일에 너무 정신이 혹하여 좋아하게 되면 나쁜 것은 안 보이고 좋은 것만 보이게 된다는 뜻. ❷ 무슨 음식을 좋아하면 그 비슷한, 먹지 못할 것까지 먹을 것으로 잘못 안다는 뜻.

닭 손님으로는 아니 간다
한 닭장에 여러 마리의 닭이 있고 그곳에 새로이 낯선 닭이 들어오면 본래 있던 모든 닭이 달려들어 못살게 하므로 이르는 말.

닭의 새끼가 발을 벗으니 오뉴월로만 여긴다
닭이 아무 것도 신지 않고 맨발로 다니는 것을 보고 '오뉴월 더운 때인 줄 아느냐' 하는 말로, 추운 날씨에 더 따뜻하게 하지는 못할망정 도리어 더 차게만 하는 것을 보고 이름.

닭이 천이면 봉이 한 마리 있다
닭이 천 마리나 있으면 그 가운데는 봉도 한 마리쯤 있다는 말로, 여럿이 모이면 그 가운데는 뛰어난 인물도 한 명쯤 있다는 뜻.

당기는 불에 검불 집어 넣는다
한창 잘 타는 불 속에 마른 검불을 집어넣으면 곧 불붙어 없어지는 것이므로, 무엇을 더하자마자 곧 소비되어 없어져 버리는 것을 말함.

대가리를 삶으면 귀까지 익는다
무엇이나 가장 중요한 부분만 처리하면 남은 것은 그에 따라서 저절로 해결된다는 말. = 머리를 삶으면 귀까지 익는다

대감 죽은 데는 안 가도 대감 말 죽은 데는 간다
대감이 죽고 나면 더 이상 그에게 잘 보일 필요가 없으나

그의 말이 죽으면 대감의 환심을 사기 위하여 조문을 간다는 말로, 세상인심이 잇속에 밝아 체면과 이익을 저울질하여 이익이 더 무거운 쪽으로 움직이게 됨을 이름. = 좌수상사(座首喪事)라.

대문이 가문
❶ 집이 가난하여 대문이 작으면 아무리 좋은 가문도 보잘것없이 보이고, 세도 없는 집에서도 대문이 크면 훌륭한 집안같이 보인다는 뜻. ❷ 겉보기가 훌륭하여야 남의 눈에 위압감을 준다는 말.

대신댁(大臣宅) 송아지 백정 무서운 줄 모른다
제가 의지하는 주인의 세력을 믿고 안하무인격으로 거만한 행동을 하는 사람을 이름. = 대신댁 송아지 범 무서운 줄 모른다

대통 맞은 병아리 같다
① 너무나 뜻밖의 화를 당하여서 정신이 아찔하다는 말.
② 정신이 나갈 정도로 얻어맞았다는 뜻.

* 대통 : 담뱃대의 담배를 담는 부분.

댓구멍으로 하늘을 본다
좁은 대나무의 구멍으로 하늘을 보고 그것이 전부인 줄 안다는 뜻으로, 소견이 좁아 사물의 전모를 정확히 보지 못함을 이름.

댓진 먹은 뱀의 대가리, 똥 찌른 막대 꼬챙이
댓진을 먹고 죽은 꼿꼿한 뱀의 대가리 모양으로, 또는 똥 찌른 막대 모양으로 쓸데없이 꼿꼿하다는 뜻으로, 성미가 마르고 꼬장꼬장하여 도무지 사귐성이 없고 쓸모없는 사람을 이름.

더운죽에 파리 날아들 듯
영문도 모르고 덤벙거리다가 곤경에 빠지게 된 사람을 두고 하는 말.

더위 먹은 소, 달만 보아도 허덕인다
해가 뜨거워 더위 먹은 소가 달을 보고도 해인 줄 알고 헐떡인다는 말로, 한번 무엇으로 인해 크게 욕을 본 사람은 그와 비슷한 것만 보아도 항상 의심하며 두려워하게 된다는 말.

덜미에 사잣밥을 짊어졌다
뒷덜미에 사잣밥을 짊어졌다 함은 목숨을 내걸고 위험한 일을 한다는 뜻.

* 사잣밥(使者-) : 초상난 집에서 죽은 사람의 넋을 부를 때 염라부(閻羅府)의 사자에게 대접하는 밥.

덴 데 털 안 난다
한번 불에 덴 곳, 즉 화상을 입은 곳에는 털이 나지 않듯이, 한번 크게 낭패를 보면 다시 일어나기 힘들다는 말.

도깨비는 방망이로 떼고, 귀신은 경으로 뗀다
귀찮은 존재를 떼어내는 데는 저마다 거기에 알맞은 특수한 방법이 있다는 말.

도끼 가진 놈이 바늘 가진 놈을 못 당한다
바늘은 웬만큼 휘둘러대도 별로 상해하지 않으나 도끼는 한번 잘못 찍으면 능히 사람을 죽일 수도 있으므로 감히 함부로 휘두를 수 없는 법. 따라서 결국 바늘 가진 놈이 도끼 가진 놈을 이겨낸다는 말.

도둑놈 개 꾸짖듯
도둑이 남의 집에 도둑질하러 갔을 때 개가 짖으면 작은 소

리로 속삭이듯이 꾸짖는다는 말로, 남에게 들리지 않게 입속으로 중얼거림을 뜻함.

도둑놈 소 몰 듯한다
소를 훔쳐 가는 도둑놈이 소를 몰 듯한다 함은 무슨 일을 황급히 서두르는 모양을 이름.

도둑놈이 몽둥이 들고 길 위에 오른다
나쁜 짓을 하거나 잘못하여 마땅히 책망을 받아야 할 처지에 있는 자가 도리어 기승(氣勝)하여 남을 꾸짖고 큰소리친다는 뜻.

도둑놈이 제 발자국에 놀란다
나쁜 짓을 하면 양심의 가책을 느껴 저도 모르게 매사에 몸을 사리게 되는데, 그것이 도리어 제 죄를 폭로하는 결과가 된다는 말.

도둑맞으면 어미 품도 들춰 본다
물건을 잃게 되면 누구나 다 의심을 품게 되므로, 심지어는 가장 가까운 부모까지도 의심하게 된다는 말.

도둑의 때는 벗어도 화냥의 때는 못 벗는다
도둑의 누명은 확실한 증거만 있으면 밝혀질 수 있으나 여자가 음분했다는 누명은 밝힐 도리가 없으므로 특히 품행을 삼가라는 말. * 음분(淫奔) : 남녀가 음탕한 짓을 함. 또는 그 행동.

도회지 소식을 들으려면 시골로 가라
제가 있는 곳이나 가까운 곳의 일에 대해서는 잘 모르지만, 먼 데서 일어난 일은 오히려 잘 알고 있다는 말. = 서울 소식은 시골 가서 들어라.

독수리는 파리를 못 잡는다
아무리 날짐승을 잘 잡는 독수리라 하더라도 작은 파리까

지 잘 잡는 건 아니라는 뜻으로, 각자 능력에 맞는 일이 따로 있다는 말.

독을 보아 쥐를 못 친다
독에 쥐가 들었으나 독이 다쳐 깨질까 봐 쥐를 못 친다는 말로, 무엇을 처리하여 없애 버리려고 해도 그로 인해 다른 일이 그릇될까 두려워 참는다는 말.

돈만 있으면 개도 멍첨지라
천한 사람도 돈만 있으면 남들이 귀하게 대접해 줌을 이르는 말. * 멍첨지 : 개가 멍멍 짖으므로 멍가 성을 가진 첨지라고 함.

돌로 치면 돌로 치고 떡으로 치면 떡으로 친다
원수는 원수로 갚고 은혜는 은혜로 갚게 되는 것이며, 남이 나를 대하는 것만큼 나도 남을 그만큼밖에는 대접하지 않

는 태도를 이름.

돌절구도 밑 빠질 날이 있다
❶ 아무리 튼튼한 것이라도 결단이 날 때가 있다는 말. 영구불변한 것은 없다는 뜻. ❷ 명문거족(名門巨族)이라고 해서 영원히 몰락하지 않는 법은 없다는 말.

동냥자루도 마주 벌려야 들어간다
아무리 보잘것없는 일이라 할지라도 서로 협조해야만 잘 이룰 수 있다는 말.

동냥치가 동냥치 꺼린다
한 동냥치가 구걸을 하고 있는데 또 다른 이가 와서 동냥하면 그를 꺼려하고 미워한다는 말로, 제가 무슨 일을 구하러 갔을 때 또 다른 이도 와서 구하면 혹 제 몫이 덜해질까 봐 방해자로 취급하고 미워한다는 말.

동네 송아지는 커도 송아지
동네 송아지는 늘 보는 것이기 때문에 다 커도 소라 아니하고 송아지라고 한다 함이니, 늘 눈앞에 두고 보면 그 자라나고 커져서 변한 것을 알아내기 어렵다는 말.

동무 사나워 뺨 맞는다
성미가 좋지 않거나 손버릇이 사나운 친구를 사귀어 같이 다니다가 그가 사나운 짓을 하여 남에게 추궁 받는 서슬에 옆에 있는 자기까지도 같이 욕을 당한다는 뜻.

동생 줄 것은 없어도 도둑 줄 것은 있다
❶ 가난하여 제 손으로 남에게 줄 것은 없어도 도둑이 가져갈 만한 것은 있다는 뜻. ❷ 인색하여 응당 돌보아야 할 근친자에까지도 동정하지 않는 사람도 도둑이 빼앗아 가는 것을 막을 수 없다는 말.

동서 시집살이는 오뉴월에도 서릿발 친다
여자가 시집살이를 한다는 것은 어느 것이든 어려운 일이지만, 그 중에서도 동서 즉 남편 형제의 부인되는 사람 밑에 지내는 시집살이가 가장 어렵다는 말.

동서(同壻), 춤추게
자기가 나서서 하고 싶으나 먼저 나가서 하기 거북하므로 남부터 먼저 권한다는 말. = 제가 춤추고 싶어서 동서를 권한다.

돼지 값은 칠 푼이요, 나무 값은 서 돈이라
돼지 값보다 돼지를 잡는 데 쓰인 나무 값이 훨씬 많다는 뜻으로, 주(主)로 하는 일보다 그것을 하기 위한 부수적인 일에 더 비용이나 힘이 많이 들 때 이르는 말.

된장이 아까워 못 잡아먹는다
❶ 잡아먹고 싶어도 된장이 아까워서 못 잡아먹겠다 함이

니, 왜 그리도 못났느냐고 욕하는 말. ❷ 복날 개를 잡아먹고 싶어도 발라 먹을 된장이 아까워 개를 못 잡아먹듯이, 너무 인색하게만 굴면 결국에 가서는 손해본다는 뜻.

두부 먹다 이 빠진다
❶ 마음 놓는 데서 실수가 생기므로 항상 조심하라는 말.
❷ 틀림없는 데서 뜻밖의 실수를 하였다는 말.

둘째며느리 삼아 보아야 맏며느리 착한 줄 안다
❶ 뭐니 뭐니 해도 맏며느리만한 둘째며느리는 없다는 말.
❷ 비교할 것이 없으면 그 진가를 알기 어렵다는 말.

둥둥 하면 굿하는 줄로 여긴다
둥둥 북 울리는 소리만 나면 그것이 곧 굿하는 소리인 줄로 안다는 말로, ❶ 너무 속단하여 잘못 안다는 뜻. ❷ 걸핏하면 좋은 수가 생겼다고 날뛴다는 말.

뒤로 오는 호랑이는 속여도 앞으로 오는 팔자는 못 속인다
앞으로 오는 호랑이는 물론 뒤로 오는 호랑이까지도 속여서 위험을 면하고 살아날 수 있으나 팔자 모면만은 그리 못한다는 말로, 사람은 운명에 따라서 사는 것이지 그것을 제 마음대로 어떻게 할 수 없다는 말.

뒷간 기둥이 물방앗간 기둥을 더럽다 한다
❶ 저의 더러운 것은 모르고 남의 깨끗한 것을 도리어 더럽다고 함을 비웃는 말. ❷ 더 큰 흉을 가진 사람이 자기의 흉은 모르고 남의 작은 흉을 볼 때 비웃으며 하는 말.

들어서 죽 쑨 놈은 나가도 죽 쑨다
❶ 집에서 늘 일만 하던 사람은 집 밖에 나가 다른 곳에 가도 일만 하게 된다는 말. ❷ 집에서 하던 버릇은 집을 나서도 버리지 못한다는 뜻.

등겨 먹던 개는 들키고 쌀 먹던 개는 안 들킨다
흔히 크게 나쁜 일을 한 자는 교묘히 빠져 나가서 무사하고, 그보다 덜한 죄를 지은 자가 들켜서 애매하게 남의 죄까지도 뒤집어쓰고 의심받게 됨을 이름.

등에 풀 바른 것 같다
등에 풀을 발랐다 함은 등이 빳빳하다 함이니, 등을 잘 펴지도 못하고 구부리지도 못한다는 뜻.

딸 덕에 부원군
부원군은 왕후(王后)의 아버지로서 딸 덕에야 될 수 있는 것이므로, 다른 사람의 덕을 입어서 호강스러운 자리에 있게 될 때 쓰는 말. 특히 딸을 출가시킨 후 그의 도움으로 무슨 일을 하거나 잘 지내게 될 때 이름.

딸 손자는 가을볕에 놀리고, 아들 손자는 봄볕에 놀린다
가을볕보다 봄볕에 더욱 살갗이 거칠어지고 잘 타므로, 딸 손자, 즉 외손자를 친손자보다 더욱 귀엽게 여긴다는 뜻.

딸 없는 사위
❶ 인연이 끊어져서 정이 멀어졌다는 말.
❷ 쓸데없이 된 물건을 이름.

딸은 두 번 서운하다
딸은 처음 날 때 서운하고, 그 다음에는 시집보낼 때 서운하다는 말.

딸의 시앗은 바늘방석에 앉히고 며느리 시앗은 꽃방석에 앉힌다
귀한 딸이 시앗 보는 것은 차마 그대로 두지 못하고 어떻게든지 시앗을 없애려 하나, 미운 며느리가 시앗을 보고 괴로워하는 것은 도리어 통쾌하게 여긴다 하여 이르는 말.

* 시앗 : 남편의 첩.

딸이 셋이면 문을 열어 놓고 잔다
딸을 많이 둔 사람이 그 혼인을 모두 치르고 나면 가산이 다 없어지고 몹시 가난하여진다는 말.

땅벌 집 보고 꿀 돈 내어 쓴다
❶ 될지 안 될지도 모를 일을 가지고 미리 그 이익을 앞당겨 씀을 비웃는 말. ❷ 일을 매우 급히 서둔다는 뜻.

때린 놈은 가로 가고 맞은 놈은 가운데로 간다
가해자는 뒷일이 걱정되어 마음이 불안하지만, 피해자는 마음이 평안하다는 뜻. = 때린 놈은 다리 못 뻗고 자도 맞은 놈은 다리 뻗고 잔다

떠들기는 천안 삼거리라
천안 삼거리는 경기·충청·전라 삼도로 통하는 교차점. 따라서 술집이며 밥집 등이 즐비하여 매우 시끄러우므로 언제나 소란스럽기만 하다는 데서 온 말.

떡방아 소리 듣고 김칫국 찾는다
떡가루 빻는 소리를 듣고는 떡 먹은 후에 마실 김칫국을 찾는다 함은, 상대편의 속도 모르고 제 짐작으로만 일을 서둘러 바란다는 뜻.

떡 줄 놈은 생각도 않는데 김칫국부터 마신다
해 줄 사람은 생각지도 않는데 마치 일이 다된 것처럼 여기고 미리부터 기대한다는 뜻. = 떡 줄 사람에게는 묻지도 않고 김칫국부터 마신다

떫기로 고욤 하나 못 먹으랴
다소 힘들다고 해서 그 정도의 일쯤이야 못하겠느냐는 말.

똥 누면 분(紛) 칠하여 말려 두겠다
사람의 똥에 분을 칠하여 하얗게 말려 두었다가 흰 개의 흰 똥을 약으로 구하는 사람이 있으면 팔아먹겠다는 말로, 악

독하게 인색한 사람을 이름.

똥마려워 하는 년 국거리 씻듯
똥마려워 급한 중에 국건더기를 씻을 때면 되는 대로 마구 씻어 버릴 것이니, 제 일이 급하면 다른 일은 대충대충 하여 넘긴다는 뜻. = 똥마려운 계집 국거리 썰 듯

똥 싼 놈은 달아나고 방귀 뀐 놈이 잡혔다
흔히 크게 나쁜 짓을 한 자는 잡히지 않고 그보다 덜한 자가 잡혀서 곤경 치르게 됨을 일컬음.

똥 싼 주제에 매화타령 한다
잘못저지르고도 부끄러운 줄 모르고 비위 좋게 날뜀을 비웃는 말.

똥은 칠수록 튀어오른다
좋지 못한 일이나 사람을 탓하면 더욱 나쁜 경우를 당하게 된다는 말.

뜨물 먹고 주정한다
❶ 술도 먹지 않고 공연히 취한 체를 하면서 주정한다는 말. ❷ 거짓말을 몹시 한다는 뜻.

마른나무를 태우면 생나무도 탄다
마른나무를 태워서 열이 활짝 날 때 생나무를 넣으면 그 생나무까지도 타게 된다는 말로, 안 되는 일도 대세를 타면 될 수 있다는 말.

마치가 가벼우면 못이 솟는다
윗사람이 엄격하지 않으면 아랫사람이 순종하지 않고 도리어 반항한다는 말.

막간 어미, 애 핑계
머슴살이 아낙네가 주인집 어른이 시키는 일에 아이를 핑계하고 말을 안 듣는다는 말로, 사람의 간청에 대단찮은 구실을 만들어서 그 청을 받아 주지 않는다는 뜻.

만득이 북 짊어지듯
등에 짊어진 짐이 부피가 크고 둥글며, 보기에 매우 거북해 보이는 모양일 때 쓰는 말.

만만찮기는 사돈집 안방
가뜩이나 어려운 사돈집, 그것도 남자는 들어가지 못할 안방이라 함이니, 어렵고 거북하며 자유롭지 못한 것을 이름.

말 가는 데 소도 간다
말이 갈 수 있는 데라면 소 또한 갈 수 있다는 뜻으로, 남이 하는 일이라면 저도 노력만 하면 능히 할 수 있다는 말.

말에게 실었던 것을 벼룩 등에 실을까
말에게 실었던 무거운 것을 조그마한 벼룩의 등에는 실을 수 없다는 말로, 약한 자에게 너무나 무거운 짐이나 일을 맡길 수 없다는 뜻.

말 많은 것은 과붓집 종년
과붓집에서 심부름하는 계집종은 바깥소문을 들어서 집안에 들여오고 집안의 일은 밖에 나가 이야기하게 되므로 말이 많다 하여 이르는 말.

말은 할수록 늘고, 되질은 할수록 준다
같은 내용의 말이라도 사람들의 입을 통해 전해지면 질수록 파장되며, 물건은 옮겨 갈수록 줄어든다는 뜻.

말이 고마우면 비지 사러 갔다가 두부 사 온다
말하는 상대방의 태도가 마음에 들고 뜻이 고마우면 제가 예정했던 것보다 훨씬 더 후히 대해 주게 된다는 뜻.

말이 많으면 쓸 말이 적다
❶ 말을 많이 하다 보면 자기도 모르는 사이에 거짓되고 미덥지 않은 말들이 많이 섞이게 된다는 뜻. ❷ 말이란 될수록 적게 하는 것이 좋다는 말.

말 한 마리 다 먹고 말고기 냄새 난다고 한다
❶ 우선 배가 고파 이것저것 안 가리고 배를 채운 뒤에 배부른 소리함을 이름. ❷ 처음에는 아쉬워하다가 제 욕망을 채우고는 도리어 흉봄을 이름.

망나니짓을 하여도 금관자(金貫子) 서슬에 큰기침 한다
나쁜 짓을 하고도 벼슬아치라는 배짱으로 도리어 남을 야단치고 뽐내어 횡포한 짓을 한다는 뜻.

망신하려면 아버지 이름자도 안 나온다
평소에 잘 알고도 남음이 있는 일까지 잊어버리고 생각이 나지 않아 실수를 하게 됨을 이름.

매달린 개가 누워 있는 개를 웃는다
남보다 못한 주제에 자기보다 나은 사람을 보고 비웃는다는 뜻.

머리 검은 짐승은 남의 공을 모른다
머리 검은 짐승, 곧 사람은 흔히 짐승보다도 더 남의 공을 모르고 지내는 수가 있다는 뜻.

머슴보고 속곳 묻는다
❶ 자기에게나 요긴한 일을 아무 관계도 없는 사람에게 물어보지만 알 리가 없다는 뜻. ❷ 남부끄러운 줄도 모르고 생소한 사람에게 자기만의 일을 말한다는 뜻.

먹는 데는 남이요, 궂은일엔 일가라
좋은 일이 있을 때에는 남처럼 모르는 척하다가, 궂은일이나 걱정거리가 있는 좋지 않은 일을 당하게 되면 남보다 낫다 하여 친척을 찾아다닌다는 말. = 좋은 일에는 남이요, 궂은일에는 일가라.

먹다가 보니 개떡수제비라
멋도 모르고 그저 좋아하다가 새삼스럽게 따져 보니 변변치 않은 것이라는 말.

먹을 콩으로 알고 덤빈다
① 먹지도 못할 것을 먹겠다고 대든다는 말. ② 제가 이용할 수 있는 사람이라고 남에게 함부로 덤빈다는 뜻.

메밀이 있다면 뿌렸으면 좋겠다
악귀가 오지 못하게 하기 위해 집 앞에 메밀을 뿌리던 풍습에서 온 말로, 다시는 오지 않게 했으면 좋겠다는 말.

며느리 시앗은 열도 귀엽고 자기 시앗은 하나도 밉다
흔히 아들이 첩을 얻는 것은 좋아하면서도 자기 남편이 첩을 보게 되면 못 견뎌 한다는 말.

* 시앗 : 남편의 첩.

명주 자루에 개똥 들었다
① 겉보기에는 훌륭하나 속에 든 것은 형편없다는 말.
② 옷차림은 좋으나 못난이라는 뜻. = 명주 전대에 개똥 들었다

모기도 모이면 천둥소리 난다
매우 작고 약한 모기의 소리도 여럿이 모이면 천둥소리를 낸다 함은, 힘없고 미약한 것이라도 많이 모이면 큰 힘을 낼 수가 있다는 말.

모기 보고 환도 빼기
❶ 대단치 않은 일에 쓸데없이 크게 노하는 사람을 이름.
❷ 소견이 좁다는 뜻.
* 환도(還刀) : 옛 군복에 갖추어 차던 칼. 군도(軍刀).

모시 고르다가 베 고른다
❶ 처음에 뜻하던 바와 전혀 다른 결과에 이르렀을 때 쓰는 말. ❷ 좋은 것을 골라 가지려고 애쓰다가 도리어 좋지 못한 것을 차지하게 되었다는 말.

목마른 송아지 우물 들여다보듯
목마른 송아지가 아무리 우물을 들여다본들 물을 떠 마실 수 없다는 말로, 무엇이나 애타게 가지고 싶은 것을 보고만 있으려니 안타깝기만 하다는 뜻으로 쓰임.

몹시 데면 회(膾)도 불어 먹는다
한번 크게 데어서 놀란 사람은 생선회를 먹을 때도 뜨거울까 봐 호호 불어서 먹는다는 말로, 한번 무슨 일에 놀란 사람은 그 비슷한 것만 보아도 미리 겁을 집어먹고 조심한다는 뜻.

못난 놈 잡아들이라면 없는 놈 잡아 간다
제아무리 잘났더라도 돈이 없고 궁하면 못난 놈 대접밖에 못 받고, 못난 놈도 돈만 있으면 잘난 놈 대접을 받게 된다는 말.

못생긴 며느리 제삿날 병난다
① 미운 사람이 더 미운 짓만 한다는 뜻.
② 못난 사람도 좀 시켜 먹으려 하니 뜻대로 안 된다는 말.

못 입어 잘난 놈 없고, 잘 입어 못난 놈 없다
사람이 아무리 못났더라도 돈이 많아 잘 먹고 잘 차려 입으면 잘나 보여서 사람 대접을 받고, 제아무리 잘났더라도 가난하여 못 입고 못 먹으면 못나 보여서 사람들로부터 멸시와 천대를 받게 된다는 뜻.

무식한 도깨비가 부적을 모른다
사람이 무식하여 자신에게 가장 중요한 것도 모르고, 그로 인해 크게 실수를 범하게 된다는 말.

* 부적(符籍) : 불교·도교에서 기도하는 데 쓰는 이상한 글자를 적은 종이. 귀신을 물리친다 함.

묵은 거지보다 햇거지가 더 어렵다
무슨 일이나 오래 두고 해 온 사람은 처음 시작한 사람보다는 더 참을성이 있고 마음이 굳다는 말.

문둥이 콧구멍에 박힌 마늘씨도 파 먹겠다
욕심이 난다고 남의 것을 탐하여 다랍게 구는 사람을 욕하는 말. * 다랍다 : 오관(五官)에 거슬릴 정도로 매우 더럽다. 몹시 인색하다.

문틈으로 보나 열고 보나 보기는 일반
남이 알게 하든지 모르게 숨어서 하든지 하기는 매일반이라는 말.

물 만 이밥이 목이 멘다
맛좋은 이밥을 물에 말았으니 잘 넘어가야 할 텐데 그것도 목이 메인다 함은, 매우 서러워서 먹는 것이 제대로 넘어가지 않는다는 뜻.

물 본 기러기 어옹을 두려워할까
어부에게 잡힐 위험을 무릅쓰고라도 기러기는 물에 와 앉는다는 말로, 비록 어떠한 위험이 있다 하더라도 남녀가 정을 맺고 만나 서로 즐김을 이르는 말. = 물 본 기러기 산 넘어 가랴.

* 어옹(漁翁) : 고기를 잡는 노인. 즉 어부.

물에 빠져도 주머니밖에 뜰 것이 없다
물에 빠지면 돈주머니가 가벼워 그것밖에 뜰 것이 없다는 말로, 그만큼 돈이 없다는 뜻.

물은 건너봐야 알고, 사람은 지내봐야 안다
❶ 사람은 척 보아서는 모르고 함께 오래 지내면서 겪어 보아야만 올바로 알 수 있다는 말. ❷ 올바로 알려면 실제로 겪어 보아야 한다는 뜻.

물이 깊을수록 소리가 없다
깊이 흐르는 물이 소리 없이 흐르는 것과 같이, 덕이 높고 생각이 깊은 이는 겉으로 떠벌이며 잘난 체하거나 뽐내거나 하지 않는다는 뜻.

미운 열 사위 없고, 고운 외며느리 없다
흔히 사람들이 사위는 무조건 귀히 여기고 아끼나, 며느리는 아무리 잘해도 아껴 주지 않는다 하여 이르는 말.

미운 중놈이 고깔을 모로 쓰고 '이래도 밉소?' 한다
그렇지 않아도 미운 판에 고깔까지 삐딱하게 썼다 함은, 미운 것이 더욱 더 미운 짓만 골라서 함을 이름.

미친개가 호랑이 잡는다
미친개가 날뛰면 호랑이 같은 무서운 짐승도 잡는다는 말로, 사람이 아무것도 돌아보지 않고 정신없이 날뛰면 어떤

무서운 짓을 할지도 모른다는 뜻.

밀가루 장사 하면 바람이 불고, 소금 장사 하면 비가 온다
밀가루 장사를 하면 바람이 불어서 가루를 날리고, 소금 장사를 하면 비가 와서 소금이 녹아내린다는 말로, 운수가 사나우면 당하는 일마다 공교롭게 안 된다는 말.

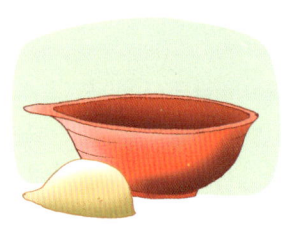

바가지를 긁는다
아내가 남편에게 불평 섞인 잔소리를 늘어놓는 것을 이름.
[참고] 옛날에 콜레라가 한창 유행하였을 때, 역신(疫神)을 쫓기 위해 상위에다 바가지를 올려놓고 힘껏 비벼대곤 했는데, 그 소리가 매우 시끄러웠다는 데서 유래됨.

바닷가 개는 호랑이 무서운 줄 모른다
바닷가 개가 호랑이를 모르기 때문에 무서워하지 않는다는 말로, 아무리 무서운 것이라도 그에 대해 아는 것이 없으면 무서운 줄도 모른다는 뜻.

바람 부는 대로 돛을 단다
세상일이 되어가는 대로 따라 움직이며 뚜렷한 심지(心志)가 없이 기회만 노리는 사람을 이름.

바지랑대로 하늘 재기
기껏해야 서너 발밖에 안 되는 바지랑대로 무한한 하늘을

잰다 함은, 도저히 불가능한 일을 하려 함을 비유하는 말.
= 장대로 하늘 재기.   　　　　* 바지랑대 : 빨랫줄을 받치는 장대.

반드럽기는 삼 년 묵은 물박달 방망이
삼 년이나 묵은 박달나무 방망이가 반들반들해서 손에 잡히지 않듯이, 남의 말을 잘 안 듣고 빤질빤질 매끄러운 짓만 하는 사람을 일컬음.

반 잔 술에 눈물 나고, 한 잔 술에 웃음 난다
이왕 남에게 무엇을 주려거든 흡족하게 주어야지 그렇지 못하고 모자라게 주면 도리어 인심을 잃게 된다는 뜻으로 하는 말.

발이 의붓자식보다 낫다
발로 여기저기 다니면서 구경도 할 수 있고 맛있는 음식도 얻어먹을 수 있다 하여 이르는 말. = 발이 효자보다 낫다.

밤새 울고 나서 누가 죽었느냐고 묻는다
무슨 영문인지도 모르고 어떠한 일에 참여하고 있는 어리석음을 비유한 말. = 밤새도록 통곡해도 누구 마누라 초상인지 모른다.

밤 잔 원수 없고, 날 샌 은혜 없다
남에게 진 신세나 은혜는 물론, 복수해야 할 원한 같은 것도 다 때가 지나면 잊게 된다는 말.

방앗공이는 제 산 밑에서 팔아먹으랬다
무슨 물건이든지 산출되는 그 본바닥에서 팔아야 실수가 없지, 더 이익을 남기려고 멀리까지 가지고 간다거나 하면 도리어 손해를 보게 된다는 말.

방죽을 파야 개구리가 뛰어들지
물이 고일 수 있는 방죽을 파 놓아야만 자신이 뜻한 대로 개구리가 뛰어든다는 말로, 무슨 일이나 자기가 원하는 걸과를 얻고자 하면 그에 합당한 준비를 갖추어야 한다는 말.

배고픈 놈더러 요기 시키란다
❶ 주어야 할 사람에게 도리어 달라고 한다는 뜻.
❷ 제 일도 처리하지 못하는 사람에게 그 이상 할 수 없는 일을 요구한다는 뜻.

배 썩은 것은 딸 주고 밤 썩은 것은 며느리 준다
배 썩은 것은 그래도 먹을 만하지만 밤 썩은 것은 전혀 먹을 수 없다는 데서 나온 말로, 누구나 같은 자식이라도 제가 직접 낳은 자식을 더 생각하게 되며, 며느리보다는 딸을 더 아끼고 위한다는 뜻.

배지 않은 아이를 낳으라고 한다
아직 이루어질 시기도 안 되었는데 무리하게 재촉한다는 뜻. = 배지 않은 아이를 낳으라고 한다. 아니 밴 아이를 자꾸 낳으란다.

백정도 올가미가 있어야지
장사에는 밑천이 있어야 하고, 무엇이나 일을 함에는 준비가 되어 있어야만 이룰 수 있다는 뜻.

백정이 양반 행세를 해도 개가 짖는다
백정이 잘 입고 점잖을 빼어 양반 행세를 하려 하나 개가 그에게서 고기 냄새를 맡고 짖는다는 말로, 아무리 겉모양만 잘 꾸민다 하더라도 본색은 드러나게 되어 있다는 뜻.

뱀장어 눈은 작아도 저 먹을 것은 다 본다
어딘가 약간 부족한 듯해도 자기 실속을 잘 챙기는 사람을 두고 하는 말.

뱃삯 없는 놈이 배에 먼저 오른다
쥐뿔도 없는 사람이 더욱 있는 척하며, 재산이나 능력이 있는 사람보다도 더 앞장서서 떠들고 행동함을 이르는 말.

벋어 가는 칡도 한이 있다
칡넝쿨이 아무리 한없이 뻗치고 얽혀 있지만 그것도 그 끝이 있다 함은, ❶ 무엇이나 무한정한 것이 아니고 그 끝이 있다는 말. ❷ 부자도 어느 정도가 되면 그 이상 더 재산이 늘지 아니한다는 말.

범 본 여편네 창구멍 틀어막듯
❶ 급한 경우를 당하여 어쩔 줄 몰라 미봉책으로 그것을 피하려는 행동을 이름. ❷ 급히 밥을 퍼 먹는 모양을 이름.

벙어리가 서방질을 해도 제 속이 있다
누군가 무슨 일을 할 때는, 말은 하지 않더라도 자기 나름대로 정당한 이유나 뜻이 있어서 그 일을 하는 짓이라는 말.

벙어리 속은 그 어미도 모른다
마음속에 있는 것을 겉으로 드러내어 말하지 않으면 아무도 모른다는 뜻.

벼르던 제사에 물도 못 떠 놓는다
오랫동안 벼르고 잘 지내려던 제사에 물도 변변히 떠 놓지 못한다 함은, 무슨 일이나 잘하려고 벼르고 기대하면 도리어 더 못하게 되는 수가 많다는 뜻.

변죽을 치면 복판이 운다
그릇 등의 가장자리를 치면 그 가운데가 울린다는 말로, 살짝 귀띔만 해도 대번에 눈치를 채서 알아듣는다는 뜻.
* 변죽(邊—) : 그릇이나 세간 등의 가장자리.

병든 까마귀 어물전 돌 듯
마음에 잊지 못하는 것이 있어 공연히 그 주위를 빙빙 맴돌며 기웃거릴 때 쓰는 말. = 소리개 어물전 맴돌 듯.

병신자식이 효도한다
병신이라고 해서 전혀 기대하지도 않았던 자식이 도리어

효도한다 함은, 대수롭지 않은 것이 도리어 제구실을 잘한다는 말.

병풍에 그린 닭이 홰를 치거든
병풍에 그려 놓은 닭이 살아나서 홰를 칠 리 없는 것과 마찬가지로, 도저히 불가능한 일이어서 기약할 수 없음을 이름.

복 없는 가시나가 봉놋방에 가 누워도 고자 곁에 가 눕는다
운수가 나쁘면 하는 일마다 참으로 안 된다는 뜻.
* 봉놋방 : 머슴들이 모여서 자는 방.
* 고자(鼓子) : 생식기가 완전하지 못한 남자.

볶은 콩과 기생첩은 옆에 두고는 못 견딘다
콩 볶은 것은 과히 먹고 싶지 않다가도 옆에 있으면 한없이 먹게 되며, 기생첩이 옆에 있으면 무한히 희롱을 하지 않을 수 없다 하여 이르는 말.

볶은 콩도 골라 먹는다
어차피 자기가 다 먹어치울 볶은 콩까지도 골라서 먹는다 함은, ❶ 안 골라도 될 것까지도 고개를 갸웃거리며 꼼꼼히 고를 때 하는 말. ❷ 사람은 고르기를 좋아한다는 말.

봄에 의붓아비 제 지낼까
양식이 떨어져서 먹고 살기도 어려운 봄철에 하물며 의붓아비의 제사를 지내겠느냐는 말로, 한참 어려운 살림에서 그다지 긴요하지도 않은 체면을 세우기 위해 무리한 일을 할 수는 없다는 말.

봇짐 내어 주며 앉으라 한다
속으로는 가기를 원하면서 겉으로는 만류하는 체한다 함이니, 속생각은 전연 다르면서도 말로만 그럴듯하게 인사치레한다는 뜻. = 봇짐 내어 주며 하룻밤 더 묵으라 한다.

부름이 크면 대답도 크다
이쪽에서 큰 소리로 부르는데 저쪽에선 모기 소리만하게 대답할 리 없다는 말이니, 무엇이든 서로 상응한다는 말.

부모가 온 효자가 되어야 자식이 반 효자
❶ 자식은 부모가 하는 것을 보고 따라 하게 된다는 말. ❷ 아무리 감화를 받는다 해도 온전하게 되기는 어렵다는 말.

부모 속에는 부처가 들어 있고, 자식 속에는 앙칼이 들어 있다
자식에 대한 부모의 마음은 자비로움으로 가득 차 있으나 부모에 대한 자식의 마음은 칼을 품고 있는 것과도 같다는 말로, 부모는 자식을 무한히 사랑하지만 자식은 부모에게 불효할 따름이라는 말.

부엌에서 숟가락을 얻었다
부엌에서 숟가락을 얻은 것은 별로 대단한 것도 신기할 것

도 없다라는 말로, 대단찮은 일로 큰 성공이나 한 듯이 자랑할 때 이르는 말. = 살강 밑에서 숟가락 얻었다

부자 하나면 세 동네가 망한다
❶ 세 동네가 망하여야 그 돈이 모여 부자 하나가 난다는 말. ❷ 무슨 큰일을 하나 이루려면 많은 희생이 따르게 된다는 말.

부처님 공양 말고 배고픈 사람 밥 먹여라
부처님에게 정성을 들여 복을 구하려 하기보다는 적은 것이나마 실지로 덕을 쌓는 편이 마땅하다는 말.

부처님더러 생선 방어 토막을 도둑질해 먹었다 한다
아무런 사심도 없는 부처님에게 생선 방어 토막을 도둑질해 먹었다고 한다 함은, 제 무죄를 주장하기 위해 멀쩡한 사람을 끌어들여 죄를 덮어씌울 때 하는 말.

부처님 살찌고 파리하기는 석수장이에게 달렸다
부처님이 살찌고 파리한 차이는 그것을 만드는 석수장이에게 달려 있다 함이니, 일의 진행성과 여부는 그것을 하는 사람에게 달렸다는 말.

* 파리하다 : 몸이 마르고 낯빛이나 살색이 핏기가 없다.

부처 위해 불공하나, 제 몸 위해 불공하지
부처님을 위해 불공드리는 것이 아니라 저 잘되라고 불공드린다 함은, 사람은 무슨 일이나 결국은 제게 이로운 것을 염두에 두고 한다는 말.

북어 한 마리 주고 제사상 엎는다
보잘것없는 것을 주고는 큰 손해를 끼친다는 뜻.

분(盆)에 심어 놓으면 못된 풀도 화초라 한다
아무리 못난 사람이라 할지라도 좋은 지위에 앉혀 놓으면 잘나 보인다는 뜻.

불내고 나서 '불이야' 한다
제가 잘못을 저질러 놓고 나서 하지 않은 척하며 남이 할 말을 제가 하며 떠드는 것을 이르는 말.

불에 놀란 놈 부지깽이만 봐도 놀란다
어떤 일에 몹시 혼이 난 사람은 그에 관련 있는 물건만 봐도 겁을 낸다는 말. = 불에 놀란 놈 화젓가락 보고 놀란다.

비지 먹은 배는 약과도 싫다 한다
❶ 무엇이거나 배불리 먹으면 아무리 좋은 음식이라도 더 먹을 수 없다는 뜻. ❷ 무엇으로든지 이미 분량이 찼으면 나중에 아무리 좋은 것이 생기더라도 받아들일 수 없다는 뜻.

빗자루론 개도 안 때린다
빗자루로는 개도 안 때리므로 더구나 사람을 때릴 수는 없다는 말로, 빗자루로 사람을 때리는 것을 만류하는 말.

뺨 맞는 데 구레나룻이 한 부조
도무지 귀찮기나 할 뿐 쓸데없이만 생각되던 구레나룻도 뺨 맞을 때는 그로 인해 좀 덜 아프다는 말로, 아무 소용없는 듯한 물건도 쓰일 때가 있다는 뜻.

뿌리 없는 나무에 잎이 필까
뿌리가 없으면 줄기가 없고 줄기가 없으면 잎이 있을 수 없다는 뜻으로, 원인이 없이 결과가 있을 수 없다는 말.

사나운 개 콧등 아물 틈 없다
사람도 사나워서 늘 싸우기만 하면 상처를 입게 되고, 그것이 미처 낫기도 전에 또 새 상처를 입는다는 말.

사당치레하다가 신주(神主) 개 물려 보낸다
너무 겉만 꾸미려고 애쓰다가 정작 귀중한 내용은 잃어버리고 만다는 뜻.

* 사당치레(祠堂-) : 사당을 보기 좋게 꾸밈.

사돈네 안방 같다
사돈네 안방처럼 감히 넘겨다보지 못할 만큼 어렵고 조심스러운 곳을 비유적으로 이르는 말.

사또님 말씀이야 다 옳습죠
제 의견만이 옳다고 우기는 사람에게 마음속에서는 딴생각을 하면서도 귀찮아져서 한 걸음 양보하는 말.

사람과 쪽박은 있는 대로 쓴다
집에서 살림을 하다 보면 여기저기 쓸 데가 많아서 쪽박도 있는 대로 다 쓰는 것과 같이 사람도 어디엔가는 다 쓸모가 있지 못쓸 사람은 없다는 말.

사람에 버릴 사람 없고 물건에 버릴 물건 없다
버리지 않고 잘 간직해 두면 다 쓰일 때가 있다는 뜻.

사람은 키 큰 덕을 입어도 나무는 키 큰 덕을 못 입는다
나무는 큰 나무가 있으면 그 밑의 작은 나무는 자라지 못하나, 사람은 큰 인재가 나면 그 주위 사람이 그 덕을 입는다는 말.

사위는 백년손이요, 며느리는 종신식구라
사위나 며느리는 모두 남의 자식이지만 며느리는 제 집 사

람이 되어 스스럼없으나, 사위는 정분이 두터우면서도 끝내 손님처럼 어렵다는 말.

사정이 많으면 한 동아리에 시아비가 아홉
❶ 지나치게 남의 사정만 보아 주다가는 도리어 자기의 신세를 망치게 된다고 하여 이르는 말. ❷ 정조관념이 희박한 여자를 두고 이르는 말.

사주팔자에 없는 관을 쓰면 이마가 벗어진다
❶ 제게 과한 벼슬을 하게 되면 힘에 겨워 도리어 괴롭다는 뜻. ❷ 제 분에 넘치는 일을 억지로 이루어 놓으면 도리어 해롭다는 뜻.

사흘 갈 길을 하루에 가서 열흘씩 눕는다
사흘에 갈 길을 빨리 가려고 하루에 많이 걷고 병들어 열흘을 누었다는 말로, ❶ 일을 너무 급히 하려고 서두르면 도

리어 더디게 된다는 뜻. ❷ 성미가 게을러 일을 경영하되 이룰 수 없을 때 이르는 말.

산 개가 죽은 정승보다 낫다
❶ 아무리 귀했던 몸이라도 죽으면 돌보지 않는 것이 세상 인심이라는 뜻. ❷ 아무리 천한 신분으로 지내더라도 사는 것이 죽는 것보다는 나으니 비관하지 말고 살아가라는 뜻.
= 죽은 정승이 산 개만 못하다. 죽은 석숭보다 산 돼지가 낫다.
* 석숭(石崇) : 중국 진나라 때의 유명한 대부호.

산 닭 주고 죽은 닭 바꾸기도 어렵다
산 닭 주고 죽은 닭으로 바꾸는 것은 쉬운 일이다. 그러나 죽은 닭이 꼭 필요하여 바꾸려고 하면 바꾸기가 힘들다는 뜻이니, 보통 때는 흔하던 물건도 막상 필요해서 구하려면 구하기 어렵다는 말.

산이 높아야 골이 깊다
사람됨이 커야만 가지는 생각도 그만큼 크고 훌륭하다는 뜻. = 산이 커야 골이 깊지. 산이 커야 굴이 크다. 산이 커야 그늘이 크다

살찐 놈 따라 붓는다
살찐 사람을 보고 자기도 따라서 살쪄 보이려고 붓는다는 말로, ❶ 남의 행위를 억지로 흉내 내는 어리석음을 말함. ❷ 가난한 자가 부자의 사치를 흉내 내려 함을 비웃는 말.

삼간(三間) 집이 다 타도 빈대 타 죽는 것만 재미있다
자기는 큰 손해를 보았더라도, 그로 인해 평소에 자기가 미워하던 사람이 잘못되게 된 것이 고소하다는 말. = 삼간초가 다 타져도 빈대 죽어 좋다. 초당(草堂) 삼간 다 타도 빈대 죽는 것만 시원하다.

삼 년 남의 집 살고 주인 성 묻는다
삼 년 동안이나 같이 살던 집주인의 성을 몰라서 묻는다 함

은, 사람이 무심하고 싱겁다는 말.

삼대 적선을 해야 동네 혼사를 한다
한 동네에 사는 이웃끼리는 서로 집안 내용을 샅샅이 알기 때문에 혼사가 매우 어렵다는 말.

삼베 주머니에 성냥 들었다
삼베 주머니에 어울리지 않게 성냥이 들었다는 뜻으로, 허술한 겉모양과는 달리 속에는 말쑥한 것이 들었음을 비유적으로 이르는 말.

삼정승 부러워 말고 내 한 몸 튼튼히 가지라
❶ 허욕을 버리고, 제 몸을 위하여 건강에나 힘쓰라는 말.
❷ 세도 있는 이와 사귀어서 그의 도움을 입으려 하지 말고 제 할 일이나 옳게 하라는 말.

상감님 망건 사러 가는 돈도 써야만 하겠다
❶ 어떤 돈이건 당장 제 사정이 급하여 써야만 하겠다는 말. ❷ 가능하기만 하다면, 나중에 그로 인하여 죽을 벌을 받더라도 우선 당장 급한 것이나마 피하고 싶다는 말.

상두꾼은 연폿국에 반한다
상여를 메는 상두꾼도 그런 궂은일을 연폿국 먹는 맛으로 한다는 말로, 어떤 직업에도 그 직업이 아니고는 맛볼 수 없는 재미가 있다는 말.

* 연포(軟泡) : 얇게 썬 두부를 꼬치에 꽂아 기름에 지진 다음, 닭국에 넣고 끓인 음식.

상여 나갈 때 귀청 내 달란다
상여 나갈 때 자기의 귀지를 파 달라고 한다는 말로, 매우 바쁘고 수선스러울 때 그와는 상관도 없는 전혀 엉뚱한 일을 해 달라고 조른다는 뜻.

* 귀청 : 귀의 고막이나 여기서는 귀지의 뜻.

상주보고 제삿날 다툰다
일을 정확하게 알지도 못하면서, 그 일에 대해 훤히 아는 당사자에게 자기 생각이 옳다고 억지를 부리며 고집할 때 쓰는 말.

새남터를 나가도 먹어야 한다
곧 죽게 된 경우에도 먹어야 한다는 뜻으로, 사람은 무슨 일을 당하거나 우선 든든히 먹고 기운을 내야 한다는 말.
* 새남터 : 한강의 모래사장으로, 성삼문 등의 사육신들이 처형된 곳.

새도 염불을 하고 쥐도 방귀를 뀐다
보잘것없는 새나 쥐까지도 사람이 하는 것을 다 하려고 하는데 너는 왜 못하느냐는 뜻으로, 여럿이 모여 노래하고 춤

출 때 함께 어울리지도 않고 아무것도 못하는 사람을 놀리는 말.

새 잡아 잔치할 것을 소 잡아 잔치한다
적은 비용을 가지고도 일을 잘 처리할 수 있었던 것을, 게으름을 부리거나 너무 인색하여 치르지 않고 있다가 더 큰 손해를 보게 되었을 때 하는 말.

새 집 짓고 삼 년 무사하기 힘들다
집을 새로 짓고 나면 집안에 무슨 변고가 있기 쉬워서 삼 년 동안은 마음을 놓을 수 없다 하여 이르는 말. = 새 집 짓고 삼 년은 마음을 못 놓는다

색시 짚신에 구슬감기가 웬일인고
분에 지나치게 호사를 하면 어울리지도 않고 도리어 보기 흉하게 된다는 뜻.

서리 맞은 구렁이
❶ 힘이 없어 보이며 행동이 게으르고 더딘 사람을 이르는 말. ❷ 세력이 쇠잔하여 앞으로 잘될 희망이 없는 사람을 이름.

서 발 막대 거칠 것 없다
서 발이나 되는 긴 막대를 휘둘러도 아무것도 거칠 것이 없다는 말로, ❶ 가난한 집안에 아무런 세간도 없음을 이름. ❷ 아무것도 거리낄 것 없고 조심스런 사람도 없다는 말.

서울 놈은 비만 오면 풍년이란다
❶ 서울 사람이 농사일에 대하여 전혀 모름을 비웃는 말. ❷ 어느 분야에 극히 적은 지식을 가지고 전문가처럼 행세하려는 사람을 두고 비유한 말.

서울이 낭이라는 말을 듣고 삼십 리부터 긴다
서울이 낭떠러지라는 말을 듣고 겁을 내어 삼십 리 밖에서부터 기어간다는 말로, 말로만 듣고 어떤 일에 너무 미리부터 지나치게 겁을 낸다는 뜻. = 서울이 낭이라니까 과천서부터 긴다. 서울이 무섭다니까 새재서부터 긴다. 서울이 무섭다 하니까 남태령부터 긴다.

선무당이 마당 기울다 한다
익숙하지 못한 무당이 마당이 기울어서 굿춤을 잘 못 추었다고 한다는 말은, 일이 안 되면 제 기술이 부족한 탓인 줄 모르고 다른 데 핑계를 하고 변명함을 이름. = 선무당이 장고 탓한다

선불 맞은 호랑이 뛰듯
총알을 설맞은 호랑이가 고통스러워하며 펄쩍펄쩍 뛰는 것과 같다는 말로, 매우 크게 노하여 펄쩍펄쩍 뛰고 못 견디어 함을 이름. = 선불 맞은 노루 모양.   * 선불 : 설맞은 총알.

섣달 그믐날 시루 얻으러 다니기
안될 일을 가지고 안타깝게 애쓰나 미련한 짓이란 뜻.

설삶은 말대가리
푹 삶아도 질긴 말대가리를 설삶았다 함은, ❶ 고집이 세고 말을 알아듣지 못하는 사람을 이름. ❷ 얼굴빛이 몹시 붉거나 격에 맞지 않게 멋대가리가 없는 사람을 비유한 말.

성(城) 쌓고 남은 돌 같은 신세
❶ 쓰일 자리에 쓰이지 못하고 남아서 쓸모가 없이 된 것을 이름. ❷ 혼자 남아 외로운 신세를 비유한 말.

성인도 하루에 죽을 말을 세 번 한다
아무리 훌륭한 사람이라도 실수는 하게 되어 있다는 뜻.

섶을 지고 불로 들어가려 한다
불 잘 붙는 섶나무를 지고 불 속으로 들어가려 한다 함은, 그릇된 짓을 하여 화를 자초하려 든다는 뜻.

세모시 키우는 놈하고 자식 키우는 놈은 막말을 못한다
부모는 자식을 낳기만 했을 뿐, 어떻게 생긴 녀석이 나올지, 또 어떻게 길러낼 것인지, 어떻게 자라 어떤 사람이 될 것인지 도무지 알 수가 없고, 조금도 자기 뜻대로 어떻게 할 수 없는 것이므로 자식에 대하여 장담을 하지 말라 하여 이르는 말.

세 살 먹은 아이도 제 손의 것 안 내놓는다
세 살 난 아이조차도 제가 쥔 것은 내놓으려 하지 아니한다는 뜻으로, 사람은 누구나 제 것은 내놓기 싫어함을 비유적으로 이르는 말.

세 살 적 버릇이 여든까지 간다
어릴 때 몸에 밴 버릇은 늙어 죽을 때까지 고치기 힘들다는 뜻으로, 어릴 때부터 나쁜 버릇이 들지 않도록 잘 가르쳐야 함을 비유적으로 이르는 말. = 어릴 적 버릇은 늙어서까지 간다.

세우 찧는 절구에 손 들어 갈 때 있다
아무리 분주한 경우에라도 틈을 내자면 낼 수 있다는 뜻.
* 세우 : 세차게. 자주.

세 닢 주고 집 사고 천 냥 주고 이웃 산다
❶ 집을 새로 장만하려면 먼저 그 이웃이 좋은 것을 보고 나서 장만하라는 말. ❷ 이웃이 중요함을 이름. = 팔백금으로 집을 사고 천금으로 이웃을 산다.

세(勢) 좋을 때 인심 얻어라
세력이 있을 때에 뽐내지 말고 그 세력으로 남에게 좋은 일을 해 두어야 훗날 도움을 받게 될 것이라는 뜻.

셈 센 아버지가 참는다
셈을 잘하고 사물을 분변(分辨)하는 슬기가 더 많은 아버지가, 미련하고 어리석은 자식의 말에 참는다 함은, 사리도 모르는 사람이 함부로 대들 때, 사리를 잘 알고 점잖은 사람은 자신이 하고 싶은 말을 참고 가만히 있다는 뜻.

소경 제 닭 잡아먹기
어리석은 자가 욕심만 사나워서 남의 것인 줄 알고 가졌으나 결과에 있어서는 도리어 제게 손해가 되었다는 말. = 소경 제 호박 따기.

소금 먹은 소 굴우물 들여다보듯
소금 먹은 소가 목이 마르면서도 우물이 깊어 먹지 못하고 그저 들여다보기만 한다는 말로, 무엇이나 애타게 갖고 싶지만 눈으로 보기만 할 뿐 가질 수 없으니 더욱 안타깝다는 말.

* 굴우물 : 한없이 깊은 우물.

소금에 아니 전 놈이 장에 절까
깊은 계책에 빠지지 않은 사람이 여간한 꾐에 속을 리가 없다는 말.

소 잡은 터전은 없어도 밤 벗긴 자리는 있다
큰 짐승인 소를 잡은 자리는 흔적이 없어도 하찮은 밤을 벗겨 먹고 남은 밤송이와 껍질은 남는다는 뜻으로, ❶ 나쁜 일이면 조그마한 것일지라도 잘 드러나게 마련임을 비유적으로 이르는 말. ❷ 크게 벌여 놓은 일은 별로 드러나지 않는데 오히려 대단치 않은 일이 잘 드러나서 말썽을 일으키는 경우를 비유적으로 이르는 말.

속곳 벗고 은가락지 낀다
제격에 맞지도 않는 겉치레를 하여 도리어 보기 흉하다는 뜻. = 속저고리 벗고 은반지. 적삼 벗고 은가락지 낀다.

손톱 밑에 가시 드는 줄 알아도 염통 밑에 쉬스는 줄은 모른다
눈앞에 보이는 하찮은 것은 잘 알면서도 눈에 보이지는 않으나 크고 중대한 일은 알지 못하고 있다는 뜻. = 염통에 고름 든 줄은 몰라도 손톱눈에 가시 든 줄은 안다

솔잎이 버썩 하니 가랑잎이 할말이 없다
자기에게 매우 심각하고 큰 걱정거리가 있는데 자기보다 정도가 덜한 사람이 먼저 야단스럽게 떠들고 나서니, 너무 어이가 없어 할말을 잃었다는 뜻.

솔잎이 새파라니까 오뉴월로만 여긴다
근심이 쌓이고 우환이 겹쳤는데도 그것은 모르고, 어떤 작은 일 하나가 잘되어 가는 것만 보고 속없이 좋아라며 날뜀을 이르는 말.

송곳도 끝부터 들어간다
❶ 일에는 차례가 있는 법, 무엇이나 제대로 하려면 차례를 따라서 해야 한다는 말. ❷ 여러 사람이 모인 가운데서 먹을 것을 나눌 때면 아이들부터 먼저 주게 된다는 말.

송장 때리고 살인났다
이미 죽은 송장을 때리고 살인죄의 벌을 받는다는 뜻으로, 작은 죄를 짓거나 전연 벌 받을 만한 일을 하지 않고서 억울하게 큰 벌을 받게 될 때 이르는 말.

송장 빼놓고 장사 지낸다
없어서는 안 될 가장 긴요한 것을 그만 빼 버리고 일을 치르는 어리석은 행동을 비웃어 이르는 말.

솥뚜껑에 엿을 놓았나
솥뚜껑에 엿을 두고 그것이 녹아 없어질까 봐 염려되어 그

러느냐는 뜻으로, 빨리 돌아가려고 일어서는 사람을 만류하면서 이르는 말. = 가맛동(솥뚜껑의 사투리)에 엿을 놓았나. 화롯가에 엿을 붙이고 왔나.

쇠똥에 미끄러져 개똥에 코 박은 셈이다
대단치 않은 일에 연거푸 실수만 하여 기막히고 어이가 없다는 말.

쇠불알 떨어질까 하고 제 장작 지고 다닌다
언제 이루어질지 모르는 요행을 바라고 어리석게 서성거리며 기다린다는 뜻. = 황소 불알 떨어지면 구워 먹으려고 다리미 불 담아 다닌다.

쇠털같이 많다
소의 털과 같이 수효가 셀 수 없이 많음을 비유하여 이르는 말. '새털' 같이 많다는 말은 틀린 말.

수양딸로 며느리 삼기
❶ 몹시 하기 쉬운 일이라는 말. ❷ 아무렇게나 제게 편할 대로만 일을 처리한다는 뜻.

숟갈 한 단 못 세는 사람이 살림은 잘한다
여자가 좀 미련한 듯해야 딴생각 없이 살림을 잘한다는 뜻.

술과 안주를 보면 맹세도 잊는다
술을 즐기는 사람은 술이 몸에 해롭다 하여 마음속으로는 늘 끊으려고 하지만, 보기만 하면 안 먹고 못 견딘다는 뜻.

술·담배 참아 소 샀더니 호랑이가 물어갔다
돈은 모으기만 할 것이 아니라 쓸 데는 써야 한다는 말.

술 먹여 놓고 해장 가자 부른다
일을 못되게 망쳐 놓고 나서 도와주는 척한다는 뜻.

술은 괼 때 걸러야 한다
무슨 일을 함에 있어서나 최적의 기회가 있으므로 기회를 놓치지 말고 그 때를 타서 해야만 된다는 뜻.

술이 아무리 독해도 먹지 않으면 취하지 않는다
무엇이나 실지로 해보지 않으면 아무 결과도 나타나지 않는다는 말.

숨다 보니 포도청 집이라
피하여 숨으려고 한 것이 도리어 제 발로 잡히러 걸어간 셈이 되었다는 말로, 무슨 일이 뜻밖에 낭패를 보는 경우를 이름.

숲 속의 호박은 잘 자란다
보이지 않는 숲 속에서 혼자 자라는 호박이 잘 자란다 함

은, 늘 눈앞에 보이는 것은 자라는 줄 모르나, 한참 자라는 사람이나 생물을 오랜만에 한 번씩 보게 되면 몰라보리만큼 쑥쑥 자라 있다는 뜻.

쉰밥 고양이 주기 아깝다
저는 먹고 싶지도 않으나 남 주기는 아깝다는 말. = 나 먹자니 싫고 개 주자니 아깝다. 저 먹자니 싫고 남 주자니 아깝다.

시누올케 춤추는데 가운데 올케 못 출까
남들도 다 하는데 왜 난들 못하겠느냐고 한 몫 낄 것을 제의할 때 쓰는 말.

시세도 모르고 값을 놓는다
물건의 내용도 모르고 좋고 나쁨도 가리지 못하면서 그것을 평가하여 떠드는 것을 이르는 말.

시아버지 죽으라고 축수했더니 동지섣달 맨발 벗고 물길을 때 생각난다
시아버지가 미워서 죽기를 원하다가 정말 죽고 나서 보니 짚신 삼아 주는 이가 없어, 추운 날 얼음길에 맨발로 물 긷다 보니 시아버지 생각이 간절하더라는 말로, 자기가 미워하고 싫어하던 사람이나 물건이 막상 없어지고 나면 아쉽고 생각나는 때가 있다는 말. = 시어머니 죽으라고 축수했더니 보리방아 물 부어 놓고 생각난다.

시앗을 보면 길 가의 돌부처도 돌아앉는다
남편이 첩을 얻으면 아무리 점잖고 무던한 부인네도 시기를 한다는 말.

* 시앗 : 남편의 첩.

시어미 부를 노래 며느리 먼저 부른다
시어머니가 하고 싶은 말을 며느리가 먼저 한다는 말로, ❶ 제가 하고 싶은 말을 저 편에서 먼저 한다는 뜻. ❷ 제가 남

을 탓하려 했더니 저 편에서 먼저 자기를 허물 잡고 나무란다는 뜻. = 나 부를 노래를 사돈집에서 부른다

시어미 죽고 처음이다
시어머니 죽었을 때에도 속이 시원했었는데, 또 이렇게 속 시원한 일이 생긴 것은 시어머니 때 이후로 처음이라는 말로, 오랜만에 정말 속이 시원하고 만족스럽다는 뜻으로 이르는 말.

시장한 사람더러 요기 시켜 달라 한다
제 일도 감당을 못하는 사람에게 힘에 겨운 일을 무리하게 요구한다는 말.

시지도 않아서 군둥내부터 먼저 난다
같잖은 것이 미리서부터 노숙한 체한다는 뜻.
* 군둥내 : 김치 우거지의 구린 내를 뜻하는 전라도 사투리.

시집가기 전에 강아지 장만한다
시집도 가기 전에, 아이를 낳으면 그 똥을 먹일 강아지를 장만한다는 말로, 너무 미리서부터 준비하고 서둔다는 뜻.
= 시집도 가기 전에 기저귀 마련한다. 시집도 아니 가서 포대기 장만한다.

시집 밥은 살이 찌고 친정 밥은 뼈살이 찐다
친정에서 살면 속살이 찐다 함은, 시집살이하는 것보다 친정에서 살면 더 편하고 좋다는 말.

식은 죽도 불어 가며 먹어라
식은 죽이 뜨거울 리는 없으나 그래도 더울지 모르니 불어 가며 먹으라는 뜻으로, 무엇이나 틀림없을 듯한 일도 잘 알아보고 조심해서 하라는 뜻. = 돌다리도 두드려 보고 건너라.

식전 개가 똥을 참지
어떤 일을 하고 나서 다시는 그런 일을 안 하겠다고 다짐하

는 사람을 비웃는 말.

식칼이 제 자루를 못 깎는다
❶ 아무리 긴한 일이라도 제 손으로는 못 하고 남의 손을 빌려야만 이루어지는 것을 이름. ❷ 제 허물을 제가 알아 고치기는 어렵다는 말.

신 배도 맛 들일 탓이라
무슨 일이나 처음에는 싫다가도 차차 재미를 붙이고 정이 들면 좋아질 수 있다는 말.

신선놀음에 도끼 자루 썩는 줄 모른다
재미있는 일에 정신이 팔려서 시간 가는 줄 모르고 일의 형편도 모른다는 말.
[참고] 나무꾼이, 신선이 바둑 두는 것을 재미나게 구경하다가 보니 자기가 가지고 있던 도끼자루가 썩었더라는 옛날이야기에서 유래된 말.

신주(神主) 개 물어갔다
귀중하게 간직하고 위하던 것을 어느 틈엔지도 모르는 사이에 남에게 빼앗김을 이름.

실성한 영감, 죽은 딸네 집 바라본다
딴생각을 하고 다니다가 정신없이 아무 데나 잘못 가서 거기가 어딘가 하고 둘러보는 경우를 비유적으로 한 말.

심사(心事)가 꽁지벌레라
장독에 들어가기를 좋아하는 꽁지벌레의 못된 심사라는 말로, 마음씨가 사나워 남의 일에 방해 놓기를 좋아하는 사람을 이름.

* 꽁지벌레 : 왕파리의 유충.

십 년 과수로 앉았다 고자 대감을 만났다
아무리 오래 공들인 일도 제 복이 없고 운수가 나쁘면 아무 짝에도 쓸모없이 되어 버린다는 뜻.

십 년을 같이 산 시어미 성도 모른다
❶ 사람은 흔히 가까운 것에는 관심이 적어 도리어 모르고 지내는 수가 많다는 말. ❷ 사람이 너무 무심하여 마땅히 알고 있어야 할 것도 모르고 지낸다는 뜻.

십 리 길에 점심 싸기
십 리밖에 안 되는 가까운 거리를 가는데 점심밥을 싼다 함은, 무슨 일이든지 준비를 든든히 하여 실수하지 않도록 하라는 말.

싸라기밥을 먹었나
싸라기는 쌀이 부서져서 반 토막이 된 것. 그런데 이것을 먹었다 함은, 반말할 처지가 안 되는데 상대방이 반말투로 나올 때 반박하여 이르는 말.

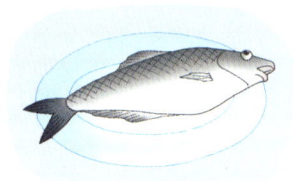

쌍가마 속에도 설움은 있다
쌍가마를 타고 다니는 높은 지위의 사람도 서러움은 가지고 있다는 말로, 아무리 남 보기에 좋은 듯해도 사람은 누구나 저마다 걱정과 서러움이 있다는 말.

쌍언청이가 외언청이 타령한다
자신에게 큰 허물이 있는 줄은 모르고 남의 작은 허물을 가지고 탓한다는 뜻.

썩어도 준치
준치는 예로부터 맛이 좋은 생선으로, 잔뼈가 약간 많지만 준치는 워낙 맛이 좋아 약간 썩어도 그 맛이 남아 있다는 데서 유래된 말로,

❶ 어떤 것이 좋은 것이 있다면, 그것이 약간 손상을 입었다 하더라도 좋은 부분이 약간은 남아 있다는 말. ❷ 훌륭한 사람은 죽더라도 그 명예는 남고, 지조가 굳은 사람은

아무리 어려운 처지에서도 절개를 지킨다는 말.

썩은 고기에 벌레 난다
좋지 못한 원인이 있게 되면 반드시 그 결과로서 좋지 않은 일이나 사고가 생긴다는 말.

쏘아 놓은 살이요, 엎지른 물이다
1. 한번 저지른 일은 어떻게 다시 고쳐 할 수 없다는 말.
2. 한번 저지른 일을 중지할 수 없을 때 쓰는 말.

씨도둑은 못 한다
콩 심은 데 콩 나고 팥 심은 데 팥 나는 것과 같이, 아버지와 자식은 얼굴이나 성질이 닮은 데가 많으므로 유전 법칙은 속일 수 없다는 뜻.

씨 보고 춤춘다
오동나무의 씨만 보고도, 그 씨가 자라서 큰 나무가 되면 그걸로 가야금 만들 걸 생각하며 미리부터 춤을 춘다는 말로, 성미가 급하여 너무 일찍부터 서두른다는 뜻.

아끼다 똥 된다
물건을 쓰지 않고 너무 아끼기만 하면 도리어 못쓰게 되는 경우가 많다는 말.

아내가 귀여우면 처갓집 말뚝 보고 절을 한다
❶ 아내가 귀여우면 아내 주위에 있는 보잘것없는 것까지도 고맙게 보인다는 말. ❷ 어떤 사람에게 혹하여 정신이 없으면 사리가 어두워져 실수를 하게 된다는 말. = 아내가 귀여우면 처갓집 문설주도 귀엽다. 아내가 예쁘면 처갓집 울타리까지 예쁘다

아내 없는 처갓집 가나 마나
목적하는 것이 없는 데는 갈 필요도 없다는 말.

아는 놈이 도둑놈
❶ 잘 알고 있는 사람이 오히려 속임수를 써서 이 편을 해

롭게 한다는 뜻. ❷ 친한 사람에 의해 도리어 해를 입는다는 말.

아니 구린 통싯간이 있나
❶ 제 본색은 언제나 감출 수 없다는 말.
❷ 세상에 과실이 없는 사람은 없다는 말.
* 통싯간 : 뒷간의 경남·충남·황해도 사투리.

아니 밴 아이를 자꾸 낳으란다
아직 이루어질 시기도 안되었는데 무리하게 재촉한다는 뜻. = 배지 않은 아이를 낳으라고 한다

아들네 집 가 밥 먹고 딸네 집 가 물 마신다
딸네 집 살림을 걱정하여 밥은 아들네 집에 가서 먹고 딸네 집에 가서는 물만 마신다는 말로, 흔히 딸의 살림살이를 아끼고 생각해 주는 부모를 두고 하는 말.

아들 못난 건 제 집만 망하지만, 딸 못난 건 양 사돈이 망한다
여자가 못되면 시집에도 화를 미치고 친가에도 폐를 끼치게 된다는 말.

아무 때 먹어도 김가가 먹을 것이다
제가 취하게 될 이익은 언제까지 그냥 두어도 제게 돌아온다는 말.

아무리 사당을 잘 지었기로 제사를 못 지내면 무엇하나
아무리 겉모양이 훌륭하고 격식이 갖추어졌더라도 제구실을 못한다면 아무런 소용이 없다는 말.

아버지는 아들이 잘났다고 하면 기뻐하고, 형은 아우가 더 낫다고 하면 노한다.
❶ 부모는 자식이 자기보다 낫다고 하는 것이 기쁘지만 형제 사이에서는 그렇지 않다는 말. ❷ 형제간의 우애가 부모

의 사랑만은 못하다는 뜻.

아버지 종도 내 종만 못하다
남의 것이 아무리 좋다 하더라도 자기에게는 실속이 없으므로 아무런 소용이 없으며, 적고 보잘것없는 것이라도 자기가 직접 가지고 있는 것이 좋다는 말.

아산이 깨어지나 평택이 무너지나
❶ 쌍방의 힘이 비슷하여 싸우는 기세가 서로 동등함을 이름. ❷ 싸움을 할 때 서로 끝까지 결판이 날 때까지 해 보자고 어르는 말. = 평택이 무너지나 아산이 깨어지나

아쉬운 감장수 유월부터 한다
❶ 돈이 아쉬워서 물건답지 못한 것을 미리 내다 팖을 비유적으로 이르는 말. ❷ 변변치 못한 일을 남보다 일찍 함을 비유적으로 이르는 말.

아이도 낳기 전에 기저귀 장만한다
일이 어떻게 될지도 모르는데 미리부터 너무 성급하게 서둔다는 뜻. = 아이도 낳기 전에 포대기 장만한다

아이를 기르려면 무당 반에 어사 반이 되어야 한다
❶ 아이는 한편으로는 귀여워하면서도 또 한편으로는 엄하게 키워야 함을 이르는 말. ❷ 아이를 기르려면 부모가 여러 가지 것을 다 알아야 함을 비유적으로 이르는 말

아이 못 낳는 년이 밤마다 용꿈 꾼다
실제로 할 능력도 없는 주제에 허황된 생각만 하고 있는 경우를 비유적으로 이르는 말.

아이 밴 나를 어찌할까
제게 믿는 데가 있어 상대방이 감히 어떻게 하지 못할 것을 알고 배짱을 부린다는 뜻.

아이 본 공과 새 본 공은 없다
남의 아이를 보아 주는 것은 아무리 잘 보아 주었다 하더라도 한번 실수로 아이에게 무슨 탈이라도 생기면 오히려 원망만 사게 된다는 말.

아이와 장독은 얼지 않는다
아무리 날씨가 추워도 장독이 얼지 않는 것과 같이 그만큼 아이들은 추위를 모른다는 뜻.

아이 치레 송장 치레
아이들에게 좋은 옷을 입히는 것은 마치 송장에게 옷을 잘 입히는 것과 같이 아무 소용도 없으니 자라는 아이들은 아무렇게나 되는대로 입혀서 기르라는 말.

아저씨 아저씨 하고 길짐만 지운다
겉으로는 존경하는 척하면서 사람을 부려 먹는다는 뜻.
= 아저씨 아저씨 하면서 떡짐 지운다

아전의 술 한 잔이 환자가 석 섬이라고
관리로부터 적은 신세를 지면 몇 곱으로 갚게 됨을 이름.
* 환자(還子) : 봄에 환곡으로 받은 곡식을 도로 가을에 바치는 것.
* 환곡 : 조선 때, 백성에게 봄에 꾸어 주었다가 가을에 받아들이던 곡식.

아주머니 떡도 싸야 사 먹지
아무리 친분이 있다 하더라도 제게 이익이 없는 일은 하지 않는다는 말. = 아주머니 술도 싸야 사 먹는다. 할아버지 떡도 커야 사 먹는다.

아침에 까치가 울면 좋은 일이 있고, 밤에 까마귀가 울면 대변(大變)이 있다
흔히 아침에 까치가 와서 울면 반가운 손님이 오거나 기쁜 소식이 있고, 밤에 까마귀가 울면 좋지 못한 일이 생긴다 하여 이르는 말.

악담은 덕담이라
남을 저주하는 나쁜 말은 도리어 욕을 듣는 이에게 좋은 수를 끼친다는 뜻으로 이르는 말.

안 먹겠다 침 뱉은 물, 돌아서서 다시 먹는다
두 번 다시 보지 않을 것처럼 혹독하게 대하였으나 후일에 또다시 찾아가서 아쉬운 소리를 하는 날이 있게 될 것이니 누구에게나 좋게 대하라는 뜻.

안방에 가면 시어머니 말이 옳고, 부엌에 가면 며느리 말이 옳다
❶ 이편 말을 들으면 이편이 옳은 것 같고, 저편 말을 들으면 저편이 옳은 것 같다는 말로, 곧 시비(是非)를 판단하기 어렵다는 뜻. ❷ 누구나 자기 처지에서만 따진다면 잘못이란 것은 있을 수 없다는 뜻.

안 본 용(龍)은 그려도 본 뱀은 못 그린다
사실을 있는 그대로 파악하기란 지극히 어렵다는 말.

안 인심이 좋아야 바깥양반 출입이 넓다
자기 집에 오는 사람에게 대접을 잘하여야 다른 데 가서도 대접을 잘 받는다는 말.

안질(眼疾)에 고춧가루
눈병과 고춧가루는 상극이라는 뜻으로, 아주 상극이 되어 나쁜 영향을 끼치는 물건을 이르는 말. 성한 눈도 견디기 힘든 고춧가루를 앓는 눈에 뿌린다는 뜻으로, 엎친 데 덮친 격으로 아주 나쁜 결과를 가져올 대책을 이르는 말. = 눈 앓는 놈 고춧가루 넣기.

앉은뱅이가 서면 천 리를 가나
능력도 없고 수단도 없는 사람이 장차 큰일을 할 것처럼 떠들고 다닐 때 놀림조로 이르는 말.

알까기 전에 병아리 세지 마라
일이 성사되기도 전에 일에서 생길 이익을 따지는 것은 좋지 아니하다는 말.

암탉 울어 날 샌 일 없다
여자가 나대어 가지고 어떤 일이 성취된 일이 없다는 말.

앞 남산 호랑이가 뭘 먹고 사나
어리석고 못된 사람한테, 미워서 죽어 없어지기나 하라는 뜻으로, '호랑이는 저런 놈이나 물어다가 먹어치우지, 대체 뭘 먹고 살기에 안 물어가나' 하는 욕.

앞에서 꼬리 치는 개가 후(後)에 발뒤꿈치 문다
앞에 와서 살살 좋은 말만 하고 비위를 맞춰 주기에 급급한 사람일수록 보이지 않는 데서는 도리어 험담을 하고 모해를 한다는 말.

앞집 처녀 믿다가 장가 못 간다
남은 생각지도 않는데 공연히 저 혼자 지레짐작으로 믿고만 있다가 낭패를 보게 됨을 이름. = 동네 처녀 믿다가 장가 못 간다. 이웃집 색시 믿고 장가 못 간다.

야윈 말이 짐 탐한다
① 몸 약한 사람이 해내지도 못하면서 남보다 오히려 일을 많이 하려고 한다는 뜻. ② 야위고 마른 사람이 이기지도 못하면서 많이 먹으려고 한다는 뜻.

약빠른 고양이 밤눈 어둡다
매우 영리하여 실수가 없을 듯해 보이는 사람이라도 역시 부족하고 어두운 점이 있다는 말. = 영리한 고양이가 밤눈 못 본다

양반, 김칫국 떠먹듯
아니꼽게 점잔을 빼는 사람을 보고 하는 말.

양반은 가는 데마다 상(床)이요, 상놈은 가는 데마다 일이라
제 집에서 호강하고 편히 사는 사람은 남의 집에 가서도 후한 대접을 받지만, 제 집에서 고생하고 일을 많이 하는 사람은 어디를 가든지 일만 하게 된다는 뜻.

양반은 세 끼만 굶으면 된장 맛 보잔다
평생에 잘 먹고 지내던 사람은 배고픈 것을 조금도 못 참으며, 굶주리면 아무것이나 고맙게 먹는다는 말.

양반은 얼어 죽어도 겻불을 안 쬔다
양반은 아무리 위급한 때를 당하더라도 자기 체면만은 그대로 지니려고 애쓴다는 뜻. = 양반은 얼어 죽어도 짚불은 안 쬔다

양식(糧食) 없는 동자는 며느리 시키고, 나무 없는 동자는 딸 시킨다
양식 없이 밥 짓는 일은 며느리를 시키고 나무 없이 밥 짓는 일은 딸을 시킨다는 말로, 흔히 시어머니 되는 이가 며

느리를 미워하고 자신이 낳은 딸만 생각한다는 뜻.

* 동자 : 밥 짓는 일.

양첩(兩妾) 둔 놈, 때 굶는다
두 첩을 둔 남자는 흔히, 이 집에서는 '저 집에서 먹겠지' 하며 밥을 안 차리고, 저 집에서는 '이 집에서 먹겠지' 하며 끼니를 안 차리게 되므로 결국 밥을 굶게 된다는 뜻.

얕은 내도 깊게 건너라
물이 얕은 시내도 깊은 시내를 건너듯 조심조심 건너라는 뜻으로, 무슨 일이든지 너무 쉽게 생각하지 말고 조심스럽게 하라는 말.

어느 구름에 눈이 들며 어느 구름에 비가 들었나
❶ 일은 되어 보아야만 알지 미리 짐작하기란 어렵다는 뜻.
❷ 언제 무슨 사건이 생길지 모른다는 말. = 어느 구름에서 비가 올지

어려서 굽은 나무는 후에 안장감이다
처음부터 굽어 아주 쓸데없는 듯하던 나무가 나중에 소의 안장감으로 쓰인다는 말로, 세상에는 불필요한 무용지물이 없다는 말.

어린아이 예뻐 말고 겨드랑 밑이나 잡아 주어라
아이들을 진심으로 사랑한다면 그저 뜻만 받아 주고 귀여워만 할 것이 아니라 잘 가르쳐 주라는 말.

어머니가 의붓어머니면 친아버지도 의붓아버지 된다
어머니가 돌아가시고 계모 밑에 있게 되면 그 아버지 되는 이는 자식들보다도 후처를 더 중히 여기고 그 후처가 하자는 대로 하기 때문에 전처의 자식들과는 비록 친부자지간이라 하더라도 그 사이가 멀어지고 등한해진다 하여 이르는 말.

어물전 망신은 꼴뚜기가 시킨다
꼴뚜기가 너무 볼품없는 물고기라는 생각에서 유래된 말로, 못난 것은 언제나 제가 속해 있는 단체의 여러 사람에게 불명예스러운 짓만 하고 다니며 폐를 끼친다는 뜻.
= 생선 망신은 꼴뚜기가 시킨다.

어사는 가어사(假御使)가 더 무섭다
진짜 어사또보다도 어사또를 가장하여 그 권한을 행사하는 이가 더 무섭다는 말로, 참으로 권세를 지닌 사람보다도 어떤 세력을 빙자하여 되지 못하게 유세를 부리는 사람이 남에게 더 혹독한 짓을 한다는 뜻.

어질병이 지랄병 된다
대단치 않은 병통이 점점 커져서 아주 힘든 병통이 된다는 말.

억지가 사촌보다 낫다
보아 주는 사람이 있는 것보다 꿋꿋하게 고집을 세워 나가는 것이 효과가 있다는 뜻.

언제는 외조(外祖)할미 콩죽으로 살았나
지금까지 다른 사람의 은덕으로 살아 온 것도 아닌데, 이제 새삼스럽게 호의를 바라지 않는다고 거절할 때 쓰는 말.
= 외갓집 콩죽에 잔뼈가 굵었겠나.

언제 쓰자는 하눌타리냐
아무리 좋은 것이라도 필요한 때 쓰지 않고 쌓아 두기만 하면 소용이 없다는 뜻으로, 어떤 물건이 마땅히 쓰여야 할 때 그것을 강조하는 말.

언청이 아가리에 콩가루
언청이는 입을 다물 수 없으므로 입에 든 것이 자꾸 삐져

나온다는 뜻으로, 아무리 숨기려고 해도 저절로 드러난다는 말.

언청이 통소 대듯
언청이는 입술이 째져서 통소를 제대로 갖다 댈 수 없다는 말로, 이치에 닿지 않는 무슨 말이 함부로 나온다는 뜻.

얻은 떡이 두레 반이다
물장수가 집집마다 드나들며 한 조각씩 얻은 떡이 마침내 한 두레박 하고 또 반이나 되었다는 말로, 여기저기서 그럭저럭 얻은 것이 적지 않을 때 이르는 말.

얼굴에 모닥불을 담아 붓듯
몹시 부끄러운 일을 당하여 얼굴이 화끈화끈하게 달아오름을 이름.

얼음판에 넘어진 황소 눈깔 같다
눈동자가 흐리멍덩하면서 눈을 크게 뜨고 두리번거리면서 껌벅거리는 모양을 비유적으로 이르는 말. = 얼음에 자빠진 쇠 눈깔.

업은 아이 삼간(三間) 찾는다
가까운 데 있는 것을 모르고 여기저기 찾아다닌다는 뜻.
= 업은 아이 삼 년 찾는다. 업은 아이 삼면(三面) 찾는다.

없으면 제 아비 제사도 못 지낸다
아무리 소중한 일이라 할지라도 집이 가난하면 비용 드는 일은 할 수 없다는 말.

엎어진 김에 쉬어 간다
뜻하지 않던 기회를 만나 자기가 하려고 하던 일을 이룬다는 뜻. = 넘어진 김에 쉬어 간다.

'에' 해 다르고 '애' 해 다르다
비록 사소한 차이라 할지라도 그 말씨 여하로 상대편에 주는 느낌이 크게 다르다는 뜻.

여든에 이 앓는 소리라
❶ 무엇이라고 말을 하기는 하나 별로 신기한 의견이 아니라는 뜻. ❷ 맥없이 흥얼거리는 소리를 이름.

여럿이 가는 데 섞이면 병든 다리도 끌려 간다
여럿이 같이하는 바람에 평소에는 그런 일을 못하던 사람도 덩달아 하게 됨을 이름.

여름 불도 쬐다 나면 섭섭하다
❶ 쓸데없는 듯한 것도 없어지면 서운하다는 뜻. ❷ 장난삼아 가지고 놀던 것도 내놓기가 서운하다는 뜻. ❸ 시원치 않은 일이라도 해 오던 것을 그만두기는 섭섭하다는 말.

여름비는 잠비, 가을비는 떡비
여름에 비가 오면 낮잠을 자게 되고, 가을에 비가 오면 들에 나가 일을 할 수 없고 곡식은 넉넉하니 집안에 앉아서 떡이나 해 먹고 지낸다 하여 나온 말.

여름에 하루 놀면 겨울에 열흘 굶는다
농사짓는 사람이 열심히 일해야 할 여름에 게으름을 피우면 추운 겨울에 곤란을 겪게 된다는 뜻으로, 여름 시간의 귀중함을 비유적으로 이르는 말.

여복(女卜)이 아이 낳아 더듬듯
여자 장님 점쟁이가 아이를 낳아 더듬듯 한다 함은, 일의 기미를 분간하지 못하고 어물어물하며 우물쭈물한다는 뜻.

여우 뒤웅박 쓰고 삼밭에 든 것 같다
여우가 뒤웅박을 써서 보지 못한 채 크게 자란 삼밭에 든

것 같다 함은, 잘 보지를 못하고 방향을 잡을 수 없어 갈팡질팡하며 헤매어 쏘다님을 이름.

여윈 당나귀 귀 베고 무엇 베면 남을 것이 없다
원래 넉넉하지 못한 데서 가장 두드러진 것을 한두 개 떼고 나면 남을 것이 없다는 말.

여자는 제 고을 장날을 몰라야 팔자가 좋다
여자는 세상일을 도무지 모르고 집 안에서 살림이나 하고 사는 것이 가장 행복한 것이라는 말.

여자 셋이 모이면 새 접시를 뒤집어 놓는다
여자들이 모이면 말이 많고 떠들썩하다는 말. = 여편네 셋만 모이면 접시 구멍 뚫는다. 여자 열이 모이면 쇠도 녹인다

여자의 말은 잘 들어도 패가하고 안 들어도 망신한다
남자는 마땅히 여자의 말이라도 충언은 들어야 하며 제아

무리 혹한 계집의 말이라도 요사스럽고 간악한 말은 물리쳐야만 된다는 말.

여편네 팔자는 뒤웅박 팔자라
웅박의 끈이 떨어지면 어찌할 도리가 없듯이, 여자의 운명은 남자에게 매인 것이나 다름없다는 뜻.

여편네 활수하면 벌어 들여도 시루에 물 붓기
집에서 살림하는 아내가 돈이나 물건을 아끼지 않고 손이 커서 씀씀이가 크면 아무리 벌어 들여도 한이 없으며, 언제나 남는 것이 없고 모자란다는 말.

* 활수(滑手) : 아끼지 않고 시원스럽게 잘 쓰는 씀씀이. 또는 그런 사람.

열 골 물이 한 골로 모인다
여럿이 지은 죄 값으로 받게 되는 벌이 한 사람에게만 모이는 경우를 비유적으로 이르는 말.

열녀전(烈女傳) 끼고 서방질하기
겉으로는 깨끗한 체하나 속으로는 가장 추잡하다는 뜻.

열 놈이 백 말을 해도 들을 이 짐작
말하는 사람이 아무리 뭐라고 여러 소리를 하더라도 듣는 사람이 참작하여 자기로서 판단하는 생각을 가지고 들어야 한다는 뜻.

열 달 만에 아이 낳을 줄 몰랐던가
응당 알고 있을 만한 평범한 사실도 모르고 있는 사람에게 아직 그것도 모르고 있었느냐고 핀잔을 주는 말.

열두 가지 재주에 저녁거리가 없다
재주가 너무 여러 방면으로 많은 사람은 한 가지 재주만 가진 사람보다 성공하기 힘들다 하여 이르는 말.

열무김치 맛도 안 들어서 군둥내(군내)부터 난다
아직 익지도 않은 것이 너무 지나쳐 썩은 냄새부터 난다 함이니, 사람이 미처 장성하기도 전에 좋지 않은 짓부터 할 때 이르는 말.

열 사람 형리(刑吏)를 사귀지 말고 한 가지 죄를 범하지 말라
남의 힘을 믿고 함부로 처신하는 것보다 제가 알아서 제 몸을 절제하는 것이 안전하다는 말.

열 사위는 밉지 아니하여도 한 며느리가 밉다
사위는 사랑하고 며느리는 미워하는 사람이 많기 때문에 생겨난 말.

열이 어울러 밥 한 그릇
열 사람이 조금씩 밥을 거두어서 밥 한 그릇을 이루었다는 뜻으로, 여러 사람이 힘을 조금씩만 합하면 가난한 사람을

쉽게 구제할 수 있다는 뜻.

열흘 길 하루도 아니 가서
오래 두고 해 나아가야 할 일을 처음부터 싫어한다거나 또는 배반하는 행위가 있어서 그 일을 이뤄내기가 힘들고 아득할 때 쓰는 말.

염라대왕이 외조부(外祖父)라도
큰 죄를 짓거나 중병에 걸려서 살 가망이 아주 없다는 말.
= 염라대왕이 제 할아버지라도

염불 못하는 중이 아궁이에 불을 땐다
염불을 못하기 때문에 법당에 들어 떳떳한 중 행세를 하지 못하고 아궁이에서 불이나 때고 있다는 말로, 사람이 무능하면 아무 일도 못하며, 누구나 제 능력에 따라 일을 하게 되고 또 대접도 받게 된다는 말.

염통에 고름 든 줄은 몰라도 손톱눈에 가시 든 줄은 안다
눈앞에 보이는 하찮은 것은 잘 알면서도 눈에 보이지는 않으나 크고 중대한 일은 알지 못하고 있다는 뜻. = 손톱 밑에 가시 드는 줄은 알아도 염통 밑에 쉬스는 줄은 모른다

영감님 주머닛돈은 내 돈이요, 아들 주머닛돈은 사돈네 돈이다
대개 남편의 재산은 그 아내 되는 사람이 주관하여 가지기 때문에 영감님 돈은 마누라 자기의 것이요 아들의 돈은 아내인 며느리의 것이라는 뜻으로 이르는 말.

영감 밥은 누워 먹고, 아들 밥은 앉아 먹고, 딸의 밥은 서서 먹는다
남편의 재산으로 먹고 사는 것이 가장 편하며, 아들의 부양을 받는 것도 견딜 만하나 딸의 집에서 붙어먹는 것은 차마 견디지 못할 만큼 어렵다는 뜻.

영리한 고양이가 밤눈 못 본다
매우 영리하여 실수가 없을 듯해 보이는 사람이라도 역시 부족하고 어두운 점이 있다는 말. = 약빠른 고양이 밤눈 어둡다

오그라진 개꼬리, 대봉통에 삼 년 두어도 아니 펴진다
한번 고질이 되면 영영 고치지 못함을 비유해 이르는 말.

* 대봉통 : 대나무를 잘라 만든 통으로, 서류나 편지 등을 넣어 둠.

오기에 쥐 잡는다
① 쓸데없는 오기를 부리다가 낭패를 본다는 말.
② 오기 부리는 것을 업신여겨 하는 말.

오뉴월 더위에는 암소 뿔이 물러 빠진다
음력 오뉴월 더위가 어찌나 심한지 단단한 염소 뿔이 물렁물렁하여져 빠질 지경이라는 뜻으로, 오뉴월이 가장 더움을 비유적으로 이르는 말.

오뉴월 두룽다리
오뉴월의 털 두건이란 뜻으로, 제철에 맞지 않아 쓸모없게 된 물건을 비유적으로 이르는 말.
* 두룽다리 : 털가죽으로 둥글고 갸름하게 만든 방한모자.

오뉴월 볕은 소리개만 지나도 낫다
한여름 뜨거운 볕은 소리개가 지나가면서 던지는 그림자만 있어도 좀 낫다는 말로, 그만큼 볕이 뜨거운 날에는 작으나마 그 햇볕을 좀 가려 주면 낫다는 말.

오뉴월 소나기는 쇠 등을 두고 다툰다
오뉴월의 소나기는 쇠 등 하나를 경계로 이쪽에는 내리고 저쪽에는 안 내린다는 말로, 여름 소나기는 그렇게 가까운 거리에서도 내리는 수가 있고 안 내리는 수도 있다는 말.
= 오뉴월 소나기 말 등을 두고 다툰다.

오뉴월 쇠불알 떨어지기를 기다린다
① 언제 될지도 모를 일을 한없이 기다린다는 뜻.
② 노력하지 않고 요행을 바란다는 말.
= 쇠불알 떨어지면 구워 먹기

오뉴월 존장이라
무더운 여름날에 웃어른 모시기는 매우 어려운 것이므로, 대접하기가 어렵고 힘든 경우에 이름.

* 존장(尊長) : 친척이 아닌, 존대해야 할 나이 많은 어른.

오는 떡이 두터워야 가는 떡이 두텁다
저쪽에서 보내 온 정분의 두텁고 엷음에 따라서 이쪽의 태도가 결정된다는 말.

오달지기는 사돈네 가을 닭이다
사돈네 가을 닭이 아무리 살찌고 좋기로서니 자기한테는

아무런 소용이 없다는 말로, 보기만 좋았지 도무지 실속이 없다는 뜻.
　　　　　　　＊ 오달지다 : 허술한 데가 없이 야무지고 알차다.

오라는 딸은 안 오고 외통 며느리만 온다
기다리는 사람은 안 오고 올까 봐 꺼리던 사람이 달려든다는 말.

오래 살면 시어미 죽을 날 있다
오래 사노라면 자기를 몹시 박대하고 어렵게 굴던 시어머니가 죽어서 편하고 시원스러운 날도 있다는 말로, 살다 보면 속 시원한 일을 맞을 때가 있다는 말.

오래 앉으면 새도 살을 맞는다
새가 있기 좋다고 한곳에 너무 오래 앉아 있으면 마침내는 화살을 맞게 된다는 말로, 편하고 이로운 곳에 너무 오래 있으면 마침내 화를 당하게 된다는 뜻.

오목장이 암만 분주해도 제 볼 장만 본다
큰 장에 아무리 사람이 많이 모이고 분주스러워도 저마다 저 볼 장만 본다는 말로, 사람이 많이 모여 와글와글 들끓는 데서도 저마다 생각이 다르고 하는 일이 다르다 하여 이르는 말.

* 오목장 : '대목장'의 평안도 말.

오입쟁이 제 욕심 채우듯
다른 사람의 처지는 조금도 생각에 넣지 않고 자기 하고 싶은 것만 한다는 뜻.

오입쟁이 헌 갓 쓰고 똥누기는 예사라
방탕한 오입쟁이라서 그가 무례한 언행을 하는 것은 이상할 것이 없다는 말로, 되지 못한 자가 못된 짓을 하여도 놀랄 일이 아니라는 말.

오줌 누는 새에 십 리 간다
오줌을 누고 있는 자신은 몰라도 그 사이에 남은 십 리 길을 간다는 말로, ❶ 잠시 동안 쉬는 것과 쉬지 않는 것과는 상당한 차이가 있다는 말. ❷ 무슨 일이나 매우 빨리 지나간다는 뜻.

온양온천에 헌 다리 모이듯 한다
충청남도 온양은 유명한 온천지라 다리 헌 병자들이 많이 모인다는 데서 나온 말로, 많은 사람이 어지러이 모임을 이름.

올챙이 개구리 된 지 몇 해나 되나
무슨 일에 조금 익숙하여진 사람이나 가난하게 지내다가 겨우 좀 형편이 나아진 사람이 지나치게 젠체함을 핀잔하는 말. = 올챙이 적 생각은 못하고 개구리 된 생각만 한다.

옷은 새 것이 좋고, 님은 옛님이 좋다
사람은 사귄 지 오래일수록 인정이 두텁고 좋다는 말.
= 옷은 새 옷이 좋고 사람은 옛사람이 좋다

옷 입고 가려운 데 긁기
두꺼운 옷을 입고 가려운 데를 긁어 봤자 전혀 시원하지 않다는 말로, 요긴한 데에 꼭 맞추지 못하여 시원치 않음을 뜻함.

옻을 타면 꿈에 죽만 보아도 옮는다
옻나무 잎과 대나무 잎은 서로 비슷한 데서 나온 말로, 옻을 잘 타는 사람은 걸핏하면 옻이 옮는다는 뜻으로 하는 말.

왕개미, 정자나무 흔드는 격
아무리 건드려도 까딱도 하지 않는다는 뜻.

왕후장상이 씨가 있나
출세하여 귀한 자리에 오르는 것은 가계나 혈통에 따라 저절로 되는 것이 아니라, 노력하면 가문이 낮은 사람도 그렇게 될 수 있다는 말.

* 왕후장상(王侯將相) : 제왕、제후、장수、재상의 통칭.

왜장(倭將)은 병들수록 좋다
임진왜란 때 왜적을 미워하던 우리 조상들의 마음을 그대로 읽을 수 있는 말로, 상대방의 불행을 도리어 기뻐함을 이름.

외갓집 콩죽에 잔뼈가 굵었겠나
지금까지 다른 사람의 은덕으로 살아 온 것도 아닌데, 이제 새삼스럽게 호의를 바라지 않는다고 거절할 때 쓰는 말.

= 언제는 외조(外祖) 할미 콩죽으로 살았나.

외모는 거울로 보고 마음은 술로 본다
술을 먹으면 서로 마음을 털어 놓고 이야기하기 때문에 상대의 마음을 알 수 있다는 말.

외삼촌 산소에 벌초하듯
무슨 일을 함에 있어서 정성을 들이지 않고 대충대충 마구 한다는 말. = 처삼촌 뫼에 벌초하듯. 처삼촌 어미 뫼에 벌초하듯. 처숙부 묘에 성묘하듯.

외손뼉이 못 울고 한 다리로 가지 못한다
손뼉은 둘이 맞아야만 소리가 나고 다리는 둘이 있어야 걸어갈 수 있다는 말로, ❶ 서로 함께 해야 할 것을 혼자서는 못한다는 말. ❷ 상대 없는 분쟁이란 있을 수 없음을 비유적으로 이르는 말. = 외손뼉이 울랴.

외손자는 업고 친손자는 걸리면서 '업은 놈 발 시리다, 빨리 가자.' 한다
❶ 사람에 있어 경중이 바뀜을 이름.
❷ 친손자보다 외손자를 더 귀여워함이 인정이라는 뜻.

외손자를 귀애하느니 절굿공이를 귀애하지
흔히 외손자를 귀여워하는 사람이 많으나 그것은 아무런 소용없는 짓이라는 뜻. = 외손자를 안느니 방앗공이를 안지. 외손자를 보아 주느니 파밭을 매지.

외톨이 밤이 벌레가 먹었다
응당 똑똑하고 분명하여야 할 것이 그렇지 못하고 부실할 때 이르는 말. 특히 외아들이 부실할 때 이름.

요강 뚜껑으로 물 떠먹은 셈
별일은 없으리라고 생각하면서도 꺼림칙할 때 이르는 말.

욕을 들어도 당감투 쓴 놈한테 들어라
이왕 욕을 듣고 꾸지람을 들을 바에는 점잖고 덕망 있는 사람에게서 듣는 것이 낫다는 말.
* 당감투(-) : 예전에, 높은 벼슬아치가 쓰던 감투.

용 못 된 이무기 심술만 남더라
어떤 일을 이루려다 안 되어 심술만 남았음을 이름.
* 이무기 : 용이 되려다 못 되고 물속에 산다는 해묵은 구렁이.

용이 물 밖에 나면 개미가 침노를 한다
아무리 힘이 세고 권세가 있던 사람이라도 그것을 잃고 나면 하잘것없는 사람으로부터도 괄시를 받게 된다는 뜻.

용천검도 쓸 줄 알아야 한다
아무리 훌륭한 물건도 그것을 쓸 줄 아는 사람이 써야만 효과가 제대로 나타난다는 뜻.
* 용천검(龍泉劍) : 옛날, 중국의 보검(寶劍)의 이름.

용천배기 콧구멍에서 마늘씨를 빼먹고 말지
남의 것을 탐하고 매우 인색하며 욕심이 사나운 사람을 욕하는 말.

* 용천배기 : 문둥병자.

우렁이도 두렁 넘을 꾀가 있다
미련하고 못난 사람도 제 요량은 있고 무엇인가 한 가지는 재주가 있다는 말.

* 요량(料量) : 앞일에 대해 잘 생각하여 헤아림. 또는 그 생각.

우마가 기린 되랴
마소와 같이 흔하고 천한 동물이 귀하고 상서로운 기린이 될 리 없다는 말로, 본시 제가 타고난 대로밖에는 아무리 해도 안 된다는 말.

우물둔덕에 애 내놓은 것 같다
우물가에 사리를 분간 못하는 아이를 내놓으면 언제 빠질

지도 몰라 마음을 쓰게 된다는 말로, 매우 염려스러워 마음이 불안하다는 뜻. = 우물가에 애 보낸 것 같다

우물 들고 마시겠다
우물에 가서 두레박으로 물을 길어 마실 여유도 없이 우물째 들고 마시겠다고 함은, 성미가 몹시 급하다는 뜻.

우물 옆에서 말라 죽겠다
우물 옆에서 물을 못 마시고 말라 죽겠다 함은, 무슨 일에나 융통성이 없고 처변할 줄 모르는 답답한 사람을 이름.

* 처변(處變) : 실정에 따라 잘 처리해 감.

우습게 본 풀에 눈 찔린다
대수롭지 않게 여겼던 사람이나 물건으로 인하여 크게 손해를 입었을 때 하는 말.

울고 싶자 때린다
무슨 일을 하고 싶었으나 마땅한 구실이 없어 못하다가 때마침 좋은 핑계거리가 생겼다는 말.

울려는 아이 뺨치기
아이가 울려고 할 때 잘 달래지는 않고 뺨을 치면 울음은 크게 터진다는 뜻으로, 일이 좀 틀어져 가려고 할 때 오히려 더 충동하여 더욱 큰 분란을 일으키게 됨을 비유적으로 이르는 말.

웃느라 한 말에 초상난다
농으로 한 말이 듣는 사람에게 치명적인 영향을 주어 마침내는 죽기까지 한다는 말로, 말이란 극히 조심하여 하지 않으면 안된다는 뜻.

원님에게 물건을 팔아도 에누리가 있다
물건을 사고 팔 때는 어디서든 에누리가 있는 법인데, 왜

좀 값을 깎아 주지 않느냐고 할 때 쓰는 말.

원수는 순(順)으로 풀라
원수를 원수로써 갚으면 다시 원한을 사게 되어 그 끝이 없으므로, 원수는 반드시 화평스러운 가운데 순순히 풀어야 후환이 없다는 말.

위로 진 물이 발등에 진다
머리 위에 떨어진 물이 발등에 떨어진다는 말로, ❶ 좋지 못한 짓을 하는 사람은 그 조상도 그렇기 때문이라는 뜻. ❷ 웃어른이 하는 일은 곧 아랫사람에게 영향을 준다는 뜻.

유월 저승을 지나면 팔월 신선이 돌아온다
한창 더운 음력 유월에 죽을 고생을 하여 농사를 잘 지은 사람이 가을에 느끼는 추수의 기쁨을 표현하는 말.

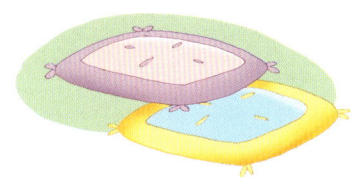

윤섣달은 앉은 방석도 안 돌려놓는다
음력 유월과 섣달에는 이사나 혼인 등 무슨 행사든지 하지 않음이 좋다는 뜻.

으슥한 데 꿩알 낳는다
① 뜻밖의 장소에서 좋은 것이 발견되었을 때 하는 말.
② 평소에 조용한 듯한 사람이 남 보지 않는 데서 이상한 행동을 함을 이름.

은(銀)에서 은(銀) 못 고른다
은이 많으나 그 가운데서 마음에 꼭 맞는 은을 골라내지 못한다는 말로, 많은 것 중 원하는 것을 찾기 어렵다는 말.

음식 같잖은 개떡제비에 입천장 덴다
변변치 않아 우습게 알고 대한 일에 뜻밖에도 큰 손해를 입었을 때 쓰는 말.

의붓아비 돼지고기 써는 데는 가도 친아비 나무 패는 데는 가지 말라

의붓아비가 아무리 저를 미워하더라도 고기 써는 옆에 가 있으면 하나 줄지도 모르는 일이나, 친아비가 아무리 사랑하더라도 도끼질 하는 데서는 잘못하여 다칠 수도 있을 것이니, 제게 조금이라도 해(害)가 미칠 듯한 곳에는 가지 말라는 뜻. = 의붓아비 떡 치는 데는 가도 친아비 도끼질하는 데는 안 간다

의붓어미가 티를 내는 것이 아니라 의붓자식이 티를 낸다

흔히 계모와 그 자식 사이가 좋지 않고 계모가 전처의 자식을 학대한다고 하지만, 그것은 자식이 의붓어미를 더 미워하고 멀리 여기기 때문이라는 말.

의붓자식 옷 해 준 셈

해 주어서 아무런 보람이 없고 보답 받지 못할 일을 했을 때 스스로를 위안 삼아 하는 말.

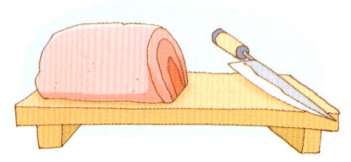

이가 자식보다 낫다
이가 있기 때문에 음식을 먹고 살아갈 수 있으며, 때로는 맛있는 음식도 먹게 된다 하여 이르는 말.

이고 지고 가도 제 복 없으면 못산다
여자가 출가할 때 아무리 혼수품을 많이 가지고 간다 해도 자기 복이 없으면 못산다는 말.

이랑이 고랑 되고 고랑이 이랑 된다
세상일이란 늘 돌고 돌기 때문에 사람의 처지는 얼마든지 반전될 수 있음을 비유한 말. = 음지가 양지 되고 양지가 음지 된다. 양지가 음지 되고 음지가 양지 된다.

이른 새끼가 살 안 찐다.
일찍 깬 새끼가 살이 안 찌고 크게 자라지 못한다는 말로, ❶ 사람이 어려서 벌써 나이 든 체를 하고 너무 일되면 도

리어 훌륭하게 되지 못한다는 말. ❷ 무슨 일이 처음에 너무 쉽게 잘되면 도리어 좋지 않다는 뜻.

이밥이면 다 젯밥인가
같은 물건이라도 경우에 따라 저마다 다르게 쓰이며, 또 그 효과도 각각 다르다는 뜻.

이불 간 보아 가며 발 편다
이불의 크기를 살펴 가며 거기에 맞추어서 발을 편다는 말로, 자기의 역량과 경우를 따져 가면서 일을 마련한다는 뜻. =이불 깃 보아 가며 발 뻗친다

이 빠진 강아지 언 똥에 덤빈다
❶ 자격도 없는 자가 주제넘은 짓을 한다는 뜻. ❷ 도무지 이룰 수 없는 일은 처음부터 생각도 하지 말라는 뜻.

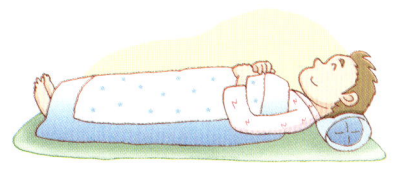

이 설움 저 설움 해도 배고픈 설움이 제일
사람은 여러 가지 고통을 능히 견디어 나갈 수 있으나 배곯고 굶주리는 것만은 견디기 힘들다는 뜻.

이 아픈 날 콩밥 한다
불행한 일이 있을 때 또 당하기 어려운 곤경이 거듭된다는 말.

이웃집 개도 부르면 온다
미물인 개도 부르면 오는데 하물며 사람이 불렀는데도 왜 오지 않느냐는 뜻으로, 불러도 안 오는 사람을 꾸짖어 이르는 말.

이웃집 무당 영(靈)하지 않다
이웃집 무당은 늘 접촉하여 단점을 많이 알고 있기 때문에 도무지 영험하게 생각되지 않는다는 말로, 대체로 가까운

데 있는 것은 신통치 않게 생각된다는 뜻.

이 장 떡이 큰가, 저 장 떡이 큰가
이 편에 이익이 많을지 저 편에 이익이 많을지 바라보고 망설이고만 있다는 뜻.

인물 좋아 봤자 천하일색 양귀비
얼굴이 잘생겼으면 얼마나 잘 생겼느냐? 기껏해야 양귀비만큼밖에 더하겠느냐고 하는 뜻.

인색한 부자가 손쓰는 가난뱅이보다 낫다
가난한 사람은 아무리 마음씨가 곱고 동정심이 많다 하더라도 남을 도와주기가 어려워서 못하지만, 부자는 인색하다 하더라도 남아나는 것이 있어서 가난한 사람이 도움을 입을 수 있다는 말.

* 손쓰다 : 남에게 선심을 쓰다.

인왕산 그늘이 강동 팔십 리 간다
'수양산 그늘이 강동 팔십 리를 간다'의 '수양산'을 인왕산으로 바꾸어 하는 말로, 어떤 한 사람이 잘되어 세력이 좋으면 그 덕을 입어 도움을 받는 사람이 많다는 뜻.

인왕산 차돌을 먹고 살기로 사돈의 밥을 먹으랴
아무리 어렵고 고생스러워도 처가의 도움을 받아 살아가고 싶지는 않음을 이르는 말.

인정(人情)도 품앗이라
사람을 생각해 주는 것도 서로 주고받아야 한다는 말로, 남도 나를 생각해야 나도 그를 생각하게 된다는 말.

인정에 겨워 동네 시아비가 아홉이라
인정이 많아서 거절 못 하고 한 일이 시아비가 아홉이나 되는 결과, 즉 가장 치욕적인 결과를 가져왔다는 말로, 인정에

끌려 마지못해 한 일의 결과가 안 좋게 되었을 때 쓰는 말.

일가 못된 것이 항렬만 높다
못된 일가가 친족 관계의 항렬만 높다는 뜻으로, 변변치 아니한 사람이나 일이 잘되는 경우를 비유적으로 이르는 말.

일가 싸움은 개싸움
❶ 일가끼리 싸우는 것은 개나 짐승만도 못하다는 말. ❷ 일가끼리의 싸움은 그때뿐이고, 원한을 품지 않는다는 말.

일 다 하고 죽은 무덤 없다
사람이 일 하나를 다 하면 또 다른 하나가 생기고 하여, 일을 하려고 보면 한이 없다는 뜻.

일은 송곳으로 매운 재 긁어내듯 하고, 먹기는 도지소 먹듯 한다
일은 송곳으로 재를 긁어내듯이 답답하게 조금밖에 못하면

서 먹기는 빌려 온 소처럼 유달리 많이 먹는다는 뜻.
*도지소 : 해마다 벼를 내고 빌려 부리는 남의 소.

일이 되면 입도 되다
일이 고되면 입도 고단하다는 말로, 일이 많으면 먹는 것도 그에 따라 많이 생기게 된다는 뜻.

잃은 도끼는 쇠나 좋거니
상처(喪妻)하여 재취한 처가 전처만 못할 경우에 한탄하며 이르는 말.

임 없는 밥은 돌도 반, 뉘도 반
남편 없이 혼자 지낼 때는 먹는 것에 정성이 들여지지 않아 잘 먹지 않고 산다는 뜻.

입 가리고 고양이 흉내
고양이 흉내를 내는데 상대방도 고양이가 아니라고 빤히 알고 있을 정도로 표가 난다는 뜻으로, 얕은꾀로 남을 속이려는 어리석음을 비유적으로 이르는 말. = 눈 가리고 아웅.

입술이 없으면 이가 시리다
서로 밀접한 관계에 있어서 하나가 망하면 다른 하나도 망하게 됨을 이름. = 순망치한(脣亡齒寒).

입에 문 혀도 깨문다
입속에 들어 있는 자기의 혀도 깨무는 실수를 할 때가 있듯이, 사람인 이상 실수가 없을 수 없다는 말.

입은 거지는 얻어먹어도 벗은 거지는 못 얻어먹는다
사람이 옷차림이 깨끗하여야 남에게 대우를 받게 됨을 비유적으로 이르는 말.

입의 혀 같다
자기의 혀를 마음대로 움직일 수 있듯이, 제 뜻대로 움직여 주어서 매우 편리하다는 뜻.

입이 도끼날 같다
입이 도끼처럼 날카롭다는 말로, 남이 거리끼는 입바른 소리를 매우 날카롭게 거침없이 하는 사람을 비유하여 이르는 말.

입이 여럿이면 금(金)도 녹인다
여러 사람의 뜻을 모으면 무슨 일이나 다 할 수 있음을 비유적으로 이르는 말.

입 찬 말은 묘 앞에 가서 하여라
자기를 자랑하며 장담하는 것은 죽고 나서야 하라는 뜻으로, 쓸데없는 장담은 하지 말라는 말. = 입 찬 소리는 무덤 앞에 가서 하라.

자라 보고 놀란 가슴 소댕 보고 놀란다
무엇에 한번 몹시 놀란 사람이 그와 비슷한 것만 보아도 겁을 낸다는 말. = 자라에게 놀란 놈이 솥뚜껑 보고 놀란다.

자식 기르는 것 배우고 시집가는 계집 없다
무슨 일이나 닥쳐서 해 나가는 동안에 그 일을 배우는 것이지 처음부터 경험을 가지고 있는 사람은 없다는 말.

자식 둔 끝에는 호랑이도 두남을 둔다
사납고 무서운 짐승도 자기 자식은 돌아보는데, 하물며 사람에게 있어서야 말할 것도 없다는 뜻.

* 두남두다 : 잘못된 것을 용서하여 도와주다.

자식은 내 자식이 커 보이고 벼는 남의 벼가 커 보인다
자식은 내 자식이 좋게 보이지만, 재물은 남이 가진 것이 더 좋아 보여서 탐이 난다는 뜻. = 자식은 제 자식이 좋고 곡식은 남의 곡식이 좋다.

자식을 보기에 아비만한 눈이 없고, 제자를 보기에 스승만한 눈이 없다
제 자식은 그 아버지 되는 사람이 가장 잘 알고 있으며, 스승은 그 제자를 가장 잘 알고 있다는 뜻.

자식 추기 반 미친놈, 계집 추기 온 미친놈
❶ 지나치게 사랑하여 눈이 어두워지지 아니하도록 하라는 말. ❷ 아내 자랑, 자식 자랑을 하는 사람을 놀림조로 이르는 말.

작은어미 제삿날 지내듯
서모(庶母)의 제사를 지내듯 한다 함은, 정성을 들이지 않고 마지못해 형식만 갖추는 행동을 이름.

잔치엔 먹으러 가고, 장사엔 보러 간다
이치를 따지자면, 혼인 잔치에 가서는 구경도 하고 축하를

해야 하나 실상은 모두들 먹는 데만 바쁘고, 장사 지내는 데 가서는 위문하고 일을 도와주어야 하지만, 울고 법석이는 구경만 하다 오는 것이 사실이라 하여 이르는 말.

잔칫집에는 같이 가지 못하겠다
언제나 남의 결점을 잘 들추어 말하는 사람을 보고 이르는 말. 잔칫집에 가서 자기의 결점을 끄집어내어 말할지도 모르기 때문.

잘 먹고 잘 입어 못난 놈 없다
사람이 아무리 못났더라도 잘 먹어 풍채가 좋고 잘 입어 의관이 반듯하면, 보기에도 그럴듯하고 또한 남의 괄시도 받지 않는다는 말.

잠을 자야 꿈을 꾸지
❶ 어떤 결과를 얻으려면 제대로 순서를 밟아야 한다는 말.
❷ 원인 없이 결과를 바랄 수 없다는 말.

잡은 꿩 놓아 주고 나는 꿩 잡자 한다
공연히 어리석은 짓을 하여 헛수고와 손해를 얻는다는 말.

장(場)거리 수염 난 건 모두 네 할아비냐
시장거리에 돌아다니는 수염 난 사람들이 모두 네 할아버지냐는 말로, 비슷만 하면 덮어 놓고 제 것이라고 하는 사람을 놀리는 말.

장구 치는 사람 따로 있고, 고개 까닥이는 사람 다로 있나
저 혼자서도 할 수 있는 일을 가지고 아무 상관없는 사람에게 나누어 하자고 할 때 반박하는 말.

장님에게 눈으로 가리키고 벙어리에게 속삭인다
장님에게 눈으로 가리켜도 볼 수 없고 벙어리에게 말로 속삭여도 알아듣지 못한다는 말로, 하는 일마다 실수만 한다는 뜻.

장님이 넘어지면 지팡이 나쁘다 한다
제 잘못으로 이미 일이 그릇된 것을 가지고 남을 탓하나 그것은 쓸데없는 짓이라는 말.

장마 개구리 호박잎에 뛰어오르듯
장마철에 개구리가 난데없이 호박잎에 뛰어오르듯이, 별로 반갑지도 귀엽지도 않은 존재가 어떤 자리에 냉큼 뛰어든 경우에 비유하여 이르는 말.

장모는 사위가 곰보라도 예뻐하고, 시아버지는 며느리가 뻐드렁니에 애꾸라도 예뻐한다
흔히 장모는 사위를 사랑하고 시아버지는 며느리를 사랑한다 하여 이르는 말.

장비더러 풀벌레를 그리라 한다
말을 잘 타고 창을 잘 쓰는 이에게는 당치도 않은 사소한 풀벌레를 그리라고 한다는 말로, 세상에서 큰일을 하는 사

람에게 자잘한 일을 해 달라고 청하는 것이 부당하다는 말.

장작불과 계집은 쑤석거리면 탈난다
잘 타고 있는 장작불을 들쑤시고 움직여 놓으면 타지 않고 꺼지려 하듯이, 계집도 가만히 있는 것을 옆에서 들쑤시고 꼬드기면 바람이 난다는 말. = 계집과 화롯불은 건드리면 탈난다.

재떨이와 부자(富者)는 모일수록 더럽다
재떨이에 담뱃재와 담배꽁초가 많이 모일수록 재떨이 더러워지듯이, 재물이 많이 모이면 모일수록 욕심이 많아져서 마음씨가 인색하고 교만해진다는 뜻.

재수없는 포수는 곰을 잡아도 웅담이 없다
얼마나 재수가 없으면 곰을 잡았는데도 그 곰에 웅담이 없을까? 따라서, 운수가 나쁜 사람은 무슨 짓을 하더라도 다 잘 안된다는 말.

재주를 다 배우니 눈이 어둡다
재주를 다 배우고 나서도 눈이 어두우니 아무런 쓸모가 없다는 말로, 오랫동안 애써 공부한 결과가 헛되게 되어 버림을 말함.

쟁기질 못하는 놈이 소 탓한다
할 줄 모르는 저를 탓하지 아니하고 도구를 탓한다는 뜻으로, 자기의 능력 부족을 남의 잘못으로 돌리는 경우를 비유적으로 이르는 말.

저녁 먹을 것은 없어도 도둑맞을 것은 있다
아무리 가난하여도 도둑은 맞는다는 말. = 쥐 먹을 것은 없어도 도둑맞을 것은 있다.

저렇게 급하면 할미 속으로 왜 아니 나와
저렇게 급한 사람이 어떻게 할머니한테서 빨리 태어나지

않고 어머니한테서 뒤늦게 태어났느냐는 말로, 매우 성미가 급한 사람을 보고 하는 말.

적적할 때는 내 볼기짝 친다
하는 일 없이 무료할 때에는 이처럼 쓸데없는 일이라도 하게 된다는 말.

절에 가면 중 되고 싶고 마을에 가면 속인 되고 싶다
❶ 남의 일을 보면 그때마다 그대로 따라서 하고 싶다는 말. ❷ 일정한 주견이 없다는 뜻.

절하고 뺨 맞는 일 없다
누구한테나 겸손한 태도로 공대를 하면 적어도 남에게 봉변당하는 일은 없다는 뜻.

젊은이 망령은 몽둥이로 고친다
젊은이가 망령된 짓을 하는 것은 철이 없어 그러는 것이므

로 매로써 정신을 차리게 해야 한다는 뜻.

접시 밥도 담을 탓이다
그릇은 아무리 작을지라도 담는 솜씨에 따라 많이 담을 수도 있다는 뜻으로, 무슨 일이나 머리를 써서 솜씨 있게 하기 탓이라는 말. = 접시 굽에도 담을 탓

정성이 있으면 한식에도 세배 간다
정성만 있다면 아무리 때가 늦었더라도 하려던 일을 이룬다는 뜻.

정승 날 때 강아지 난다
훌륭한 사람이 나면 따라서 훌륭하지 못한 사람도 난다는 말. 귀한 사람이 나면 천한 사람도 태어나듯 존비귀천이 별다른 차이가 없다는 말.

정신없는 늙은이, 죽은 딸네 집에 간다
딴생각을 하고 다니다가 정신을 차리지 못하고 다른 곳으로 잘못 갔을 때 이르는 말.

제 눈 똥에 주저앉는다
남을 해치려고 한 일에 도리어 자기가 걸려들어 해를 보게 됨을 비유적으로 이르는 말.

제를 제라니 샌님보고 벗하잔다
되지 못한 자가 자기를 조금 높여 주니까 공연히 우쭐하여 기어오른다는 말.

제 발등의 불 먼저 끄고 아비 발등의 불 끈다
❶ 다급한 일을 당하면 누구보다도 자기 몸을 제일 먼저 생각한다는 말. ❷ 다급한 일을 당하면 도리를 따르기 어렵다는 말.

제 배가 부르니 평양감사가 조카같이 보인다
배불러 먹기만 하면 아무리 좋은 벼슬자리도 부럽지 않다는 말로, 먹는 것이 걱정 없으면 세상에 부러울 것이 없다는 말. = 내 배 부르니 평안감사가 조카 같다

제 살이 아프면 남의 살도 아픈 줄 알아라
흔히 남의 사정을 참작할 줄 모르는 이가 많으므로, 자기가 고되면 남도 고된 줄 알아주어야 하고, 자기가 아프면 남도 아프고, 자기가 슬프면 남도 슬픈 줄을 알아야 한다는 뜻.

제 앞에 안 떨어지는 불은 뜨거운 줄 모른다
제가 직접 당하고 실지로 겪어 보지 않으면 아무리 어렵고 괴로운 일도 알지 못한다는 뜻.

제 얼굴엔 분 바르고 남의 얼굴엔 똥 바른다
❶ 저만 위할 줄 안다는 뜻. ❷ 잘된 일은 무엇이나 자기가 다 한 것처럼 자기 낯만 세우고, 못된 일은 다 남이 한 것처럼 말한다는 뜻.

제 칼도 남의 칼집에 들면 찾기 어렵다
비록 자기 물건이라 할지라도 일단 남의 손에 들어가게 되면 자기 뜻대로 할 수 없다는 뜻.

족제비는 꼬리 보고 잡는다
족제비는 꼬리가 없으면 잡을 필요가 없다는 말로, 무슨 일이든지 다 목적이 있고 노리는 바가 있어서 한다는 말.
[참고] 족제비 꼬리털은 붓을 만들면 일품임.

족제비 잡으니까 꼬리를 달란다
애써 일을 해서 결과물을 얻었는데, 그 중 가장 긴요한 부

분을 빼앗으려는 몰염치한 행동을 두고 이름.

좁쌀 한 섬을 두고 흉년 들기를 기다린다
① 남의 사정은 조금도 생각지 않고 자기의 작은 허욕을 채우려는 사람을 두고 하는 말. ② 변변하지 못한 것을 가지고 큰 효과를 보려 한다는 뜻.

좁은 데 장모 낀다
젊은 부부 사이에 장모가 끼어서 잔다는 말로, 가면 좋으련만 차마 가라고는 할 수 없는 처지에 있는 사람이 가지 않고 있을 때 하는 말.

종로에서 뺨 맞고 한강에 가서 눈 흘긴다
① 자신의 노염을 다른 사람에게까지 옮긴다는 말. ② 뺨 맞은 그 자리에서는 말 한 마디도 못하고 먼 곳에 가서야 반항의 모습을 짓는다는 말로, 기골이 약한 사람을 두고 하는 말. = 종로에서 뺨 맞고 행랑 뒤에서 눈 흘긴다.

죄지은 놈 옆에 있다가 벼락 맞는다
나쁜 일을 한 사람과 함께 있다가 죄 없는 사람까지 벌을 받게 된다는 말.

주머니에 들어간 송곳이라
송곳을 주머니에 넣으면 밖으로 뚫고 나온다는 말로, ❶ 아무리 감추려 하지만 숨겨지지 아니하고 저절로 드러나 선악을 가리게 된다는 뜻. ❷ 재능이 뛰어난 사람은 숨어 있어도 남의 눈에 띄게 된다는 뜻. = 낭중지추(囊中之錐).

주인 보탤 나그네 없다
주인에게 손해를 끼치면 끼쳤지 보태 줄 나그네는 없다. 나그네는 아무래도 주인에게 손해를 끼치게 된다는 말.

주제에 수캐라고 다리 들고 오줌 눈다
❶ 되지못한 것이 난 체는 혼자 한다는 말. ❷ 못난 자가 제

구실을 한다고 아니꼬운 짓을 할 때를 비꼬는 말.

죽사발이 웃음이요, 밥사발이 눈물이라
가난하게 살더라도 걱정 없이 사는 편이 먹을 것은 있어도 근심에 싸여 지내는 것보다 낫다는 말.

중매 보고 기저귀 장만한다
중매를 보고 나서 그 결과가 어떻게 될지도 모르는데 기저귀부터 장만한다는 말로, ❶ 준비가 너무 빠르다는 뜻. ❷ 일을 너무 급히 서둔다는 말.

중은 ×을 해도 무릎을 꿇고 한다
사람은 언제나 자기가 지니고 있는 습성을 버리지 못한다는 말.

중이 미우면 가사(袈裟)도 밉다
그 사람이 밉다 보니 그에게 달린 것까지도 다 밉게만 보인

다는 말. = 며느리가 미우면 손자까지 밉다.

중이 얼음 건너갈 때는 나무아미타불 하다가도 얼음에 빠질 때에는 하느님 한다
사람은 누구나 가장 위험을 느꼈을 때는 체면도 격식도 다 털어 버리고 제 본모습으로 돌아가 구원을 청한다는 말.

쥐구멍에 홍살문 세우겠다
① 가당치 않은 일을 주책없이 함을 비유적으로 이르는 말.
② 쓸데없는 겉치레를 요란하게 함을 비꼬는 말.

* 홍살문(紅一門) : 능(陵)·원(園)·묘(廟)·궁전 등에 세우는 붉은 칠을 한 문.

쥐구멍으로 소 몰려 한다
소는 크고 쥐구멍은 그에 비해 턱없이 작은데 그곳으로 소를 몰고 들어가려 한다 함은, 도저히 되지 않을 일을 억지로 하려고 한다는 뜻.

쥐를 때리려 해도 접시가 아깝다
미운 것을 처리하여 없애 버리고 싶지만, 그렇게 하면 자기에게 큰 손해가 미칠 것 같아서 어쩔 수 없이 참고 내버려 둔다는 뜻.

쥐 먹을 것은 없어도 도둑맞을 것은 있다
아무리 가난하더라도 도둑맞을 것은 있다는 뜻. = 저녁 먹을 것은 없어도 도둑맞을 것은 있다.

쥐새끼가 쇠새끼보고 작다 한다
자기보다 큰 사람을 보고 작다 할 때 이르는 말.

지게를 지고 제사를 지내도 제 멋이다
무슨 일이든지 제가 좋아서 하는 일은 남이 어떻게 시비할 것이 아니라는 말. = 도포를 입고 논을 갈아도 제 멋이다. 갓 쓰고 박치기해도 제 멋. 오이를 거꾸로 먹어도 제 멋

지붕의 호박도 못 따는데 하늘의 천도(天桃) 따겠단다
정도가 얕고 쉬운 일도 못 하면서 당치않은 어려운 일을 하려 한다는 말.

지신(地神)에 붙이고 성주(星主)에 붙인다
가뜩이나 적은 것을 이리저리 뜯기고 나면 남는 것이 없다는 말. = 터주에 놓고 조왕에 놓고 나면 아무것도 없다

지척의 원수가 천 리의 벗이라
가까운 데 있는 원수가 먼 데 있는 벗이나 다름없다는 말로, 멀리 있는 일가친척이나 친구보다 이웃에서 자주 만나는 사람이 사실은 더 가깝다는 뜻.

진시황이 만리장성 쌓는 줄 아느냐
만리장성을 쌓을 때 진시황의 독촉이 심했다는 데서 생겨난 말로, 무슨 일을 해 지기 전에 마치자고 재촉할 때, '그것은 불가능하다'고 항변하는 말.

질러가는 길이 먼 길이다
빨리 하려고 서두르다 보면 오히려 일이 잘못되어 그 반대의 결과에 도달하기 쉽다는 말.

집안이 결단나려면 생쥐가 춤을 춘다
가운이 기울어지면 별별 이상한 일이 다 생긴다는 말. =집안이 망하려면 맏며느리가 수염이 난다. 집안이 안되려면 구정물 통의 호박꼭지가 춤을 춘다.

집안이 화합하려면 베개 밑 송사는 듣지 않는다
'베개 밑 송사'란 부인이 밤에 잠자리에서 한 잔소리를 뜻하는 말로, 남편이 아내의 잔소리를 곧이곧대로 믿어 그대로 행하면 집안이 불화하게 된다는 말.

집을 사면 이웃을 본다
❶ 집을 새로 장만하려면 먼저 그 이웃이 좋은 것을 보고 나서 장만하라는 말. ❷ 이웃이 중요함을 이름. = 세 닢 주고 집

사고 천 냥 주고 이웃 산다. 팔백금으로 집을 사고 천금으로 이웃을 산다

집이 망하면 지관(地官) 탓만 한다
풍수(風水)의 잘못으로 조상의 산음(山蔭)이 흉하여 자기까지 그 화를 입었다고 말한다 함이니, 자기 잘못으로 일이 그릇되어도 도리어 남을 원망한다는 말. = 집안이 망하면 집터 잡은 사람만 탓한다.

쪽박 쓰고 비 피하기
구차하게 피하려 하여도 피하지 못하고 어쩔 수 없이 당하고야 말게 됨을 뜻함. = 쪽박을 쓰고 벼락을 피해?

쭈그리고 앉은 손님 사흘 만에 간다
곧 간다고 쭈그리고 앉은 이가 더 오래 있다 간다는 말로, 보기에 얼마 가지 못할 듯한 것이 오래 견디어 계속됨을 이르는 말.

차(車) 치고 포(包) 친다
장기에서 나온 말로, 무슨 일에나 당당하게 덤비어 잘 해결함을 이름.

찬물 먹고 냉돌방에서 땀 낸다
도무지 이치에 닿지 않는 말이니 그런 말은 아예 하지도 말라는 뜻으로 하는 말.

참깨 들깨 노는데 아주까리 못 놀까
남들도 다 하는데 나도 한 몫 끼어 보자고 나설 때 이르는 말.

참새가 아무리 떠들어도 구렁이는 움직이지 않는다
실력 없고 변변치 않은 무리들이 아무리 떠들어대더라도 참으로 제게 실력이 있는 사람은 맞붙어서 같이 다투지 않는다는 뜻.

참외를 버리고 호박을 먹는다
❶ 말쑥하고 알뜰한 아내를 버리고 둔하고 못생긴 첩을 취할 때 쓰는 말. ❷ 좋은 것을 버리고 나쁜 것을 취한다는 뜻.

처갓집에 송곳 차고 간다
사위가 처가에 가면 그 대접이 너무나도 극진하여 밥을 지나치게 꼭꼭 담아서 송곳으로 쑤셔 파먹지 않으면 안된다는 말로, 처가에서 사위 대접을 더 바랄 게 없이 정성껏 잘 한다 하여 이르는 말.

처삼촌 묘에 벌초하듯
무슨 일을 함에 있어서 정성을 들이지 않고 대충대충 마구 한다는 말. = 외삼촌 산소에 벌초하듯. 처삼촌 어미 묘에 벌초하듯. 처숙부 묘에 성묘하듯.

천둥 번개 할 때는 천하 사람이 한맘 한뜻
모든 사람이 같이 겪는 천변이나 위험 속에서는 그들의 마음이 하나가 된다는 뜻.

천리마 꼬리에 쉬파리 따라가듯
쉬파리가 천리마 꼬리에 붙어서 먼 곳까지 간다 함이니, 남의 세력 밑에 붙어 다니며 사는 것을 이르는 말.

천 마리 참새가 한 마리 봉(鳳)만 못하다
수량보다는 그 질이 문제가 되는 것이라는 뜻으로, 좋지 못한 것이 아무리 많더라도 그것은 훌륭한 것 하나만큼도 쓸모가 덜하다는 말.

천인이 찢으면 천금이 녹고, 만인이 찢으면 만금이 녹는다
많은 사람이 달라붙어 힘을 다하면 무슨 일이든 못할 일이 없다는 말.

철들자 망령 난다
인생은 길지 못하여 곧 나이 드는 것이니, 어물어물하다가는 아무 일도 이루지 못한다는 것을 경계하는 말.

철 묵은 색시 가마 속에서 장옷고름 단다
오래도록 시집을 가지 못한 색시가 가마 안에서 혼례에 입을 예복을 짓는다는 말로, 충분한 시간이 있었음에도 불구하고 하지 않고 있다가 정작 일이 닥쳐서야 다급히 서두름을 이름.

첩 정은 삼 년, 본처 정은 백 년
아무리 첩에 혹한 사람이라도 그것은 잠시 동안이요, 그 본처는 끝내 버리지 않는다는 말.

청어 굽는 데 된장 칠하듯
살짝 보기 좋게 바르지 않고 더덕더덕 더께가 앉도록 지나

치게 발라서 흉할 때 이르는 말.

청(廳)을 빌려 방에 들어간다
대청을 빌려 주니 방까지 들어온다는 말로, ❶ 사정을 봐주니 차츰 더 큰 요구를 한다는 뜻. ❷ 처음에는 조심하여 조금씩 하던 일도 차차 재미를 붙여 정도에 넘치는 짓을 한다는 뜻. = 행랑(行廊) 빌면 안방까지 든다.

초당(草堂) 삼간 다 타도 빈대 죽는 것만 시원하다
자기는 큰 손해를 보았더라도, 그로 인해 평소에 자기가 미워하던 사람이 잘못되게 된 것이 고소하다는 말. = 삼간초가 다 타져도 빈대 죽어 좋다. 삼간(三間) 집이 다 타도 빈대 타 죽는 것만 재미있다.

촌년이 늦바람나면 속곳 밑에 단추 단다
❶ 촌사람이 어떤 일에 혹하게 되면 도회지 사람보다도 한

술 더 뜬다는 뜻. ❷ 어수룩한 사람이 한번 혹하면 도리어 정도를 지나친다는 뜻.

촌닭이 관청 닭 눈 빼 먹는다
남 보기에는 어수룩하고 얼빠진 것 같은 사람이 약빠른 체 잘난 체하는 사람을 도리어 제압하는 실력을 지녔다는 뜻.

총명(聰明)은 둔필(鈍筆)만 못하다
아무리 똑똑하고 머리가 좋더라도 못난 글씨로나마 적어 놓는 것을 당하지 못한다는 말로, 무엇이나 틀림없이 하려면 적어 두어야 한다는 말.

춥기는 삼청냉돌이라
방이 매우 차고 춥다는 말. 옛날 대궐 안의 금군삼청(禁軍三廳)에는 불을 잘 때지 아니하여 항상 매우 추웠으므로 일컫는 말.

충신의 편도 천명(天命), 역적의 편도 천명

일이 뜻대로 되어 충신의 칭호를 받는 것도 인력만으로는 할 수 없는 일이며, 일이 그릇되어 역적으로 몰리는 것도 사람의 힘으로 어찌할 수 없는 것이란 말로, 세상일은 무엇이나 사람의 뜻대로 이루어지는 것이 아니라 운명에 정해진 대로 되어 가는 것이란 말.

치고 보니 삼촌이라

어떤 짓을 하고 나서 알고 보니 매우 실례된 행동이었다는 뜻.

치수 보아 옷 짓는다

사람의 몸을 재어 본 뒤에 옷을 지어야만 몸에 맞는 옷을 지을 수 있듯이, 무엇이고 그 정도를 보아 그에 알맞게 처리해야 한다는 뜻.

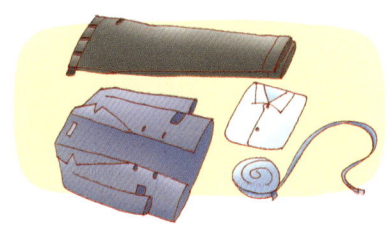

친사돈이 못된 형제보다 낫다
사돈은 흔히 어려운 사이이지만, 곤란한 경우에는 형제보다도 오히려 도움이 된다는 뜻.

칠 년 대한(大旱)에 단비 온다
칠 년 동안의 큰 가뭄 끝에 단비가 온다 함은, 오랫동안 몹시 애타게 기다리던 것이 이루어진다는 뜻.

침 뱉은 우물 다시 먹는다
다시는 안 볼 듯이 야박스럽게 행동하여도 후에 다시 청할 일이 있게 된다는 말.

칼날 위에 섰다
사람이 날카로운 칼날 위에 서 있다 함은, 매우 위태로운 처지에 놓였다는 말.

칼을 물고 토할 노릇이다
기가 막히도록 분하고 억울하다는 뜻.

커도 한 그릇 작아도 한 그릇
① 크거나 작거나 그 명목에 있어서는 같다는 말.
② 분배하는 분량이 같다는 말.

코가 어디 붙은지 모른다
그 사람이 어떻게 생겼는지도 모른다는 말로, 도무지 한 번도 본 적이 없는 모르는 사람이라는 뜻.

코끼리 비스킷 하나 먹으나 마나
덩치 큰 코끼리가 조그마한 비스킷 하나를 먹어 봤자 간에 기별도 안 간다는 말로, 무엇을 먹기는 하였으나 도무지 양에 안 찼다는 말.

코 맞은 개 싸쥐듯
몹시 아프거나 속이 상하여 어쩔 줄 모르고 쩔쩔매며 돌아가는 모습을 비유적으로 이르는 말.

콧구멍이 둘이니 숨을 쉬지
다행히도 콧구멍이 둘이 있어 호흡이 막히지 아니하고 숨을 쉴 수 있다는 뜻으로, 몹시 답답하거나 기가 찰 을 해학적으로 이르는 말. = 콧구멍 둘 마련하기가 다행이라.

콩 반쪽이라도 남의 것이라면 손 내민다
남의 것이라면 무엇이나 탐내어 가지고 싶어한다는 뜻.

콩밭에 가서 두부 찾는다
성질이 매우 급한 사람을 보고 이르는 말.

콩밭에 서슬 치겠다
콩을 갈아서 두부를 만들 때 넣는 서슬을 콩밭에 직접 친다는 말로, 일의 순서도 없이 너무 급하게 서두른다는 뜻.
* 서슬 : 간수.

콩으로 메주를 쑤고 소금으로 장을 담가도 곧이듣리지 않는다
❶ 거짓말 잘하는 사람의 말은 다 거짓말같이 들린다는 뜻.
❷ 남의 말을 도무지 믿지 않음을 이름. = 콩으로 메주를 쑨다 해도 곧이 안 듣는다

콩이야 팥이야 한다
서로 비슷한 것을 구별하려고 따진다든가 시비를 다툰다는 말.

콩죽은 내가 먹고 배는 남이 앓는다
좋지 못한 짓은 제가 하였으나 그에 대한 벌이나 비난은 다른 사람이 당한다는 말.

큰 말이 나가면 작은 말이 큰 말 노릇한다
윗사람이 없으면 아랫사람이 윗사람 역할을 하게 되어 있다는 말.

큰 북에서 큰 소리 난다
작은 북을 두드리면 작은 소리가 나고 큰 북을 두드리면 큰 소리가 나듯이, 크고 훌륭한 데서라야 무엇이나 좋은 것이 생길 수 있다는 말.

큰어미 날 지내는데 작은어미 떡 먹듯
세상을 떠난 본처의 제사를 지내는 날 그 후처가 떡 먹듯 한다 함은, 다른 이의 불행을 좋은 기회로 삼아 자기 이익

을 꾀하는 경우를 이르는 말.

큰일 치른 집에 저녁거리 있고 큰굿 한 집에 저녁거리 없다
① 굿을 하는 데는 재물이 많이 들 뿐 아니라 무당이 모조리 가져간다는 것을 비유적으로 이르는 말. ② 잔치를 하는 집은 여유가 있으나 굿을 하는 집은 살림이 쪼들리는 법임을 이르는 말.

큰집 잔치에 작은집 돼지 잡는다
큰집 잔치에 작은집의 금품을 더 많이 썼다는 말로, 자기 일도 아닌데 예상 외로 많은 물건이나 돈을 쓰게 되었을 때 하는 말.

타는 닭이 꼬꼬 하고 그슬린 돝이 달음질한다
안심하고 있던 일에도 돌연히 탈이 생기는 수가 있으니 항상 매사에 마음 놓지 말고 조심하라는 뜻. * 돝 : 돼지.

탕게도 데면 터지고 쇠도 강하면 부러진다
조그만 게도 불에 데면 익어 터지고 쇠도 너무 강하면 부러지듯이, 무엇이나 정도가 극도에 오르면 탈이 난다는 말.

터주에 놓고 조왕에 놓고 나면 아무것도 없다
넉넉지 못한 것을 여기저기에 주고 나면 남는 것이 없다는 말. = 지신에 붙이고 성주에 붙인다

* 터주 : 집터를 지키는 지신(地神). * 조왕 : 부엌을 맡은 신(神).

토끼를 다 잡으면 사냥개를 삶는다
필요할 때는 소중히 여기다가도 필요없게 되면 천대하고 없애 버림을 비유하는 말. = 토사구팽(兎死狗烹).

토끼 죽으니 여우 슬퍼한다
동류(同類)의 괴로움과 슬픔을 같이 괴로워하고 슬퍼한다는 뜻. = 여우가 죽으니 토끼가 슬퍼한다

파고 세운 장나무
장나무는 물건을 받치기 위하여 세운 굵고 큰 나무로, 땅을 깊이 파고 세운 장나무는 한층 탄탄한 것이므로 사람이나 일이 든든하여 믿음직스러울 때 하는 말.

판돈 일곱 닢에 노름꾼은 아홉
노름판에 나온 돈은 모두 해서 일곱 닢밖에 안되는데 노름꾼이 아홉 사람이라 함은, 보잘것없는 일에 그 소득을 얻고자 턱없이 많은 사람이 모인다는 뜻.

팔 고쳐 주니 다리 부러졌다 한다
❶ 체면이 없이 무리하게 계속 요구를 하는 경우를 이르는 말. ❷ 사고가 잇따라 일어남을 비유적으로 이르는 말

팔대 독자 외아들이라도 울음소리는 듣기 싫다
아무리 귀한 아이라도 울음소리는 듣기 싫다는 말로, 아이

들의 울음소리란 매우 듣기 싫은 것이라는 뜻.

팔이 들이굽지 내굽나
자기와 더 가까운 사람에게 더 정이 쏠리는 것이 사람의 상정이라는 말. = 팔이 안으로 굽는다. 팔이 안으로 굽지 밖으로 굽나.

팥이 풀어져도 솥 안에 있다
얼른 보아서 손해된 것 같으나 사실은 그리 큰 손해는 아니라는 말. = 죽이 풀려도 솥 안에 있다.

평양 감사도 저 싫으면 그만이다
아무리 좋은 일이라도 제 마음에 들지 않으면 억지로 시키기 힘들다는 뜻.

푸줏간에 들어가는 쇠걸음
벌벌 떨며 무서워하거나 마음에 내키지 아니하는 것을 억지로 하는 모양을 비유적으로 이르는 말.

풀 베기 싫어하는 놈이 단 수만 센다
새 풀을 베면서 몇 단이나 베었나 그것만 따진다 함은, 하던 일이 싫증이 나서 해 놓은 일의 성과만 헤아린다는 말.
= 게으른 선비 책장 넘기기. 게으른 여편네 밭고랑 세듯. 게으른 일꾼 밭고랑 세듯. 풀 베기 싫어하는 놈이 단 수만 센다.

풍년거지 더 섧다
거지란 늘 서러운 신세이지만, 남들이 다 잘되는 것을 보고는 한층 더 제 처지가 서럽다는 말.

피 다 잡은 놈 없고 도둑 다 잡은 나라 없다
논의 피는 아무리 뽑아도 한없이 다시 나고, 도둑은 아무리 잡아도 한없이 생겨난다 하여 이르는 말.

핑계가 좋아서 사돈네 집에 간다
속으로는 어떤 일을 좋아하면서도 겉으로는 다른 것이 좋은 듯이 둘러댐을 비유적으로 이르는 말.

하나는 열을 꾸려도 열은 하나를 못 꾸린다
❶ 한 사람이 잘되면 여러 사람을 도와서 살릴 수가 있으나 많은 사람의 힘을 합하여도 한 사람을 잘살게 하기는 어렵다는 뜻. ❷ 한 부모는 여러 자식을 거느리고 살아 나가도 자식 여러 명이 한 부모를 모시고 살기가 어렵다는 뜻.

하늘 보고 침 뱉기
하늘을 보고 침을 뱉으면 도로 자기 얼굴로 떨어진다는 말. 자기 스스로가 자기를 욕보이는 언행을 할 때 이르는 말.

하늘에 돌 던지는 격
힘써 수고한 보람은 고사하고 도리어 그 일로 말미암아 자기에게 재앙이 생기게 된다는 말.

하늘을 쓰고 도리질한다
세력이 등등하여 그 세력을 믿고 두려운 것이 없는 듯이 행세함을 이름.

하늘이 만든 화는 피할 수 있으나 제가 만든 화는 피할 수 없다
사람은 자기가 지은 잘못으로 인하여 반드시 그 후환을 입게 된다는 뜻으로 하는 말.

하루 굶은 것은 몰라도 헐벗은 것은 안다
집이 가난하여 먹지 못하고 지내는 것은 남의 눈에 얼른 띄지 않으나 옷을 입지 못하고 있는 것은 곧 나타난다는 말로, 옷차림이나마 남에게 궁색하게 보이지 말라 하는 말.

하루 죽을 줄은 모르고 열흘 살 줄만 안다
언제 죽을지도 모르는 이 덧없는 세상에서 얼마든지 오래 살 것처럼 인색하게 굴고 제가 조금이라도 잘살기 위해 남

에게 혹독하게 구는 사람을 보고 하는 말.

하룻밤을 자도 헌 각시
❶ 여자의 정도를 굳게 지킬 것을 강조하는 말. ❷ 한번 과오라도 있으면 지조를 지킨 사람으로 볼 수 없다는 말.

하지도 못할 놈이 잠방이 벗는다
어떤 일을 할 실력도 자신도 없는 사람이 하려고 덤비는 경우를 두고 이르는 말.

학이 곡곡 하고 우니 황새도 곡곡 하고 운다
아무것도 모르고 비판 없이 남이 하는 대로 무조건 따라한다는 뜻.

한 날 한 시에 난 손가락도 길고 짧다
❶ 온갖 사물은 다 고유의 특성을 가지고 있어서 구별이 된

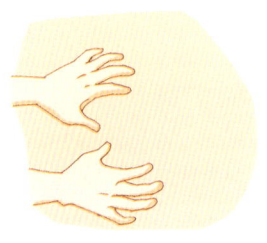

다는 말. ❷ 한 형제간에도 슬기로운 사람과 어리석은 사람이 생기며, 같은 등속이라도 고르지 못하다는 말.

한 냥짜리 굿하다가 백 냥짜리 징 깨뜨린다
쓸데없는 일을 하다가 도리어 큰 손해를 보게 되었을 때 이르는 말.

한 달이 크면 한 달이 작다
한 번 좋은 일이 있으면 그 다음에는 궂은일이 있게 되어 있어서 세상일은 모두 늘고 줄며 변하여 돌아가게 마련이라는 뜻.

한데 앉아서 음지 걱정한다
자기는 지붕도 없는 곳에 앉아서 남이 응달에 앉아 있는 것을 걱정한다는 말로, 제 일도 한심스러운데 남의 일까지 마음을 쓰고 있다는 뜻.

한라산이 금덩어리라도 쓸 놈 없으면 못 쓴다
아무리 귀중한 재물일지라도 그것을 쓸 줄 아는 사람이 있어야만 그것이 제 진가를 발휘한다는 뜻.

한량이 죽어도 기생집 울타리 밑에서 죽는다
사람은 평소의 행실과 자기의 본색을 감출 수 없으며, 죽을 때도 그것을 나타내게 된다는 말.

한 번 가도 화냥, 두 번 가도 화냥
무슨 일을 한 번 저지르나 여러 번 저지르나 저질렀다는 사실에는 틀림이 없고, 그와 같은 말을 듣기는 매일반이라는 말.

한 번 걸어 챈 돌에 두 번 다시 채지 않는다
한 번 실수한 것에 또다시 실수를 거듭하지는 않는다는 말.

한 번 검으면 흴 줄 모른다
한 번 좋지 않은 짓을 하고 그것이 습관이 되면 좀처럼 고치기 어렵다는 뜻.

한솥밥 먹고 송사(訟事)한다
아무리 친밀한 사이라도 하찮은 일로 인해 서로 송사까지 할 수 있게 된다는 말. 인심의 험악함을 이른 말.

한 시를 참으면 백날이 편하다
세상을 살아가자면 참기 어려운 일이 한두 가지가 아니지만, 그런 때일수록 한번 꾹 참아야만 훗날에 후회가 따르지 않지, 그렇지 않고 그 당시의 감정대로 일을 저질러 버린다면 반드시 후회할 일이 생긴다 하여 이르는 말.

한식에 죽으나 청명에 죽으나
한식과 청명은 하루 사이라서 하루 먼저 죽으나 하루 뒤에

죽으나 별 차이가 없다는 말로, 무슨 일에 있어 별 차이가 없다는 뜻으로 쓰이는 말.

한 어미의 자식도 아롱이다롱이
한 어머니에게서 난 아이들도 그 모양과 성격 등이 모두 다르다는 말로, 세상일은 무엇이나 꼭 같은 것이 없다는 뜻.
= 한 어미의 자식도 오롱이조롱이

한집 살아 보고 한배 타 보아야 속 안다
사람의 마음은 같이 오래 지내 보아야 알며, 특히 순경(順境)보다도 역경(逆境)에서 지내 봐야 안다는 뜻.

한 푼짜리 푸닥거리에 두부가 오 푼
푸닥거리 전체에 대한 돈보다 굿에 쓸 두부 값이 더 많이 들었다 함은, 주(主)되는 일보다 그것을 하기 위한 부분적인 일에 더 비용이나 힘이 많이 들 때 이르는 말.

함박 시키면 바가지 시키고 바가지 시키면 쪽박 시킨다
윗사람이 아랫사람에게 무슨 일을 시키면 그는 또 자기의 아랫사람을 불러서 시킨다는 말.

함지밥 보고 마누라 내쫓는다
부인들은 흔히 함지에 밥을 많이 퍼서 여럿이 같이 먹으므로, 그 밥을 혼자 다 먹는 줄 잘못 알고는, 밥 많이 먹는 마누라와는 같이 살 수 없다 하여 내쫓는다는 말.

항문이 더럽다고 도려 버릴 수 있느냐
❶ 아무리 더러워도 자기에 속한 것이면 어쩔 수 없다는 말. ❷ 자작지얼, 즉 자기 스스로가 지은 재앙은 버릴 수가 없다는 말.

해변 개가 산골 부자보다 낫다
해변은 물산(物産)이 풍성하고 산골은 빈궁하여, 산골 부자

라고 해봤자 사는 것이 보잘것없음을 이름.

행랑(行廊) 빌면 안방까지 든다
대청을 빌려 주니 안방에까지 들어온다는 말로, ❶ 사정을 봐 주니 차츰 더 큰 요구를 한다는 뜻. ❷ 처음에는 조심하여 조금씩 하던 일도 차차 재미를 붙여 정도에 넘치는 짓을 한다는 뜻. = 청(廳)을 빌려 방에 들어간다.

행실을 배우라 하니까 포도청 문고리를 뺀다
품행을 단정히 하라고 훈계하였더니 도리어 위험하고 못된 짓을 한다는 말.

향기 나는 미끼 아래 반드시 죽는 고기 있다
미끼가 좋으면 반드시 고기가 찾아와서 문다는 말로, 누구나 좋은 물건을 내보이면 그것을 얻기 위하여 애쓰고 받을 만한 노력을 아끼지 않는다는 뜻.

헌 갓 쓰고 똥누기
체면이 이미 글렀으니 좀 염치없는 일을 한다더라도 상관없다는 말.

헌 분지 깨고 새 요강 물어준다
조그만 실수로 인해 억울하게도 큰 손해를 본다는 뜻.
* 분지 : 진흙으로 만든 요강.

형제는 잘 두면 보배, 못 두면 원수
형제를 잘 두면 매우 든든하고 서로 돕고 도와주며 잘 지낼 수 있으나, 못된 형제가 있으면 남같이 모르는 체할 수도 없고 일일이 폐를 입게 된다는 뜻으로 하는 말.

형틀 지고 와서 볼기 맞는다
가만히 있으면 아무 탈이 없을 일을, 제가 서둘러서 화를 부르고 고생을 사서 한다는 뜻.

호랑이 개 어르듯
호랑이가 개를 잡아먹을 속셈은 숨기고 개를 꾀느라고 좋게 달래듯 한다는 말로, 속으로는 딴생각을 하고 제 잇속만 찾으면서 당장은 가장 좋은 낯으로 먼저 상대방을 슬슬 달래어 환심을 사 두려고 한다는 뜻.

호랑이 굴에 가야 호랑이 새끼를 잡는다
뜻하는 성과를 얻으려면 반드시 그에 마땅한 일을 하고 기다려야 한다는 뜻.

호랑이도 쏘아 놓고 나면 불쌍하다
아무리 밉던 사람도 그가 죽게 되었을 때는 측은하게 여겨진다는 뜻.

호랑이에게 개 꾸어 준 셈
믿을 수 없는 사람에게 주어 아무런 갚음도 바랄 수 없이

되었음을 이름.

호랑이에게 물려 갈 줄 알면 누가 산에 갈까
❶ 미리부터 결과가 좋지 않을 줄 안다면 아무도 그것을 무릅쓰고 어려운 일을 하지 않는다는 말. ❷ 누구나 일을 처음 할 때는 실패할 생각은 않는다는 말.

호랑이 잡고 볼기 맞는다
장한 일을 하고도 도리어 벌을 받는다는 뜻.
[참고] 맹수를 잡았으므로 그 공은 크지만, 호랑이는 산군(山君)이라 하여 잡기를 금하였으므로 도리어 볼기를 맞았음.

호랑이 제 새끼 안 잡아먹는다
호랑이같이 사나운 짐승도 제 새끼는 안 잡아먹는다는 뜻으로, 사람이 제 자식을 사랑하는 것은 당연하다는 말.

호랑이 코빼기에 붙은 것도 떼어 먹는다
❶ 위험을 무릅쓰고 이익을 추구함을 이름. ❷ 눈앞에 당한 일이 당장에 급하여 어떠한 위험한 일이라도 하지 않으면 안 되게 되었다는 뜻.

호박잎에 청개구리 뛰어오르듯
나이 어린 자가 웃어른에게 버릇없이 행동하거나 건방진 말을 툭툭 내뱉을 때 이름.

혼인날 똥싼다
가장 조심하고 남에게 잘 보이려고 할 때 일이 공교롭게 되어, 모양이 사납게 되고 도리어 실수를 하여 남에게 망신당하였을 때를 이름.

혼인집에서 신랑 잃어버렸다
어떤 일을 함에 있어서 가장 중요한 것을 잃어버렸을 때 쓰는 말.

화롯가에 엿을 붙이고 왔나
솥뚜껑에 엿을 두고 그것이 녹아 없어질까 봐 염려되어 그러느냐는 뜻으로, 빨리 돌아가려고 일어서는 사람을 만류하면서 이르는 말. = 가맛동(솥뚜껑의 사투리)에 엿을 놓았나. 솥뚜껑에 엿을 놓았나.

화재 난 데 도둑질
남이 위급하고 불행한 일을 당하여 정신을 못 차리고 있는 틈을 타서 도둑질을 한다는 말로, 남의 불행을 도와주지는 않고 도리어 그것을 악용하여 자기의 이익으로 삼음을 이르는 말.

황금 천 냥이 자식 교육만 못하다
부모가 자식에게 주는 가장 크고 좋은 유산은 공부 시키는 것이란 뜻.

효자 효녀가 나면 집안이 망한다
예전에는 친상을 당하면 오래 거상(居喪)을 했는데, 효자 효녀는 이것을 꼬박 지키느라고 일을 못하였으므로 생긴 말.

* 거상(居喪) : 상중에 있음.

흉갓집도 사귈 탓
불길하다고 소문난 집도 잘 눌러 살면 아무 탈 없이 지낼 수 있다는 말로, 손댈 수 없을 만큼 틀어진 일이라도 다루는 솜씨에 따라서 얼마든지 잘되어 나갈 수 있다는 말.

흉년에 어미는 굶어 죽고 아이는 배 터져 죽는다
❶ 흉년에는 양식이 모자라 울며 보채는 아이들만 주므로 아이들은 지나치게 배불리 먹게 되고 어른들은 굶게 됨에서 이르는 말. ❷ 먹을 것이 넉넉하지 못한 살림에는 아이는 지나치게 많이 먹고 반대로 어른은 못 먹는 것이 보통이라는 말.

흉이 없으면 며느리 다리가 희단다
며느리가 미우면 시어머니가 생트집을 잡는다는 말로, 생트집을 잡아서 남을 흉봄을 이름.

힘 센 놈의 집에 져다 놓은 것 없다
힘이 세면 무엇이나 등에 져다 놓을 수가 있어 살림이 풍족할 듯싶은데 실은 그렇지 않다는 말로, 힘만 세고 그것을 사용하지 않는 것은 아무런 소용이 없다는 말.

| 알 | 기 | 쉬 | 운 |

속담 사전

- 초판 1쇄 발행 2013년 8월 20일
- 초판 2쇄 발행 2014년 11월 10일

- 엮은이   이선종
- 기획편집   K&I 기획
- 디자인   김 영 숙

- 펴낸곳   아이템북스
- 주소   서울 마포구 서교동 444-15, 101호
- 등록   2001. 8. 7. 제2-3387호

※잘못된 책은 바꿔 드립니다.